【文庫クセジュ】

チベット

危機に瀕する民族の歴史と争点

クロード・B・ルヴァンソン著
井川 浩訳

Que sais-je?

白水社

目次

序

人間の根源は、自由にある。
ゲオルグ・ヴィルヘルム・フリードリヒ・ヘーゲル

人をこれほどまでに夢見させ、幻想を抱かせた国は、そう多くはあるまい。まるでほかからは隔離されているかのような距離と標高のために、チベットは時とともに、伝説の温床ともなり、常軌を逸した冒険心を引き付ける的ともなった。チベットもまた、きわめて多様な、人間の住む星の一要素を構成しているにすぎないという事実をつい忘れそうになる。事実、はるか高所に位置するために、他のどこよりも天空に近い。神々の領域とさえ見なされることのある山並みに囲まれた宝石チベットは、足を踏み入れることのできない期間が長く続いたために、不思議のベールに包まれることとなった。地理的な国境、あるいは精神世界の境界線を遠く超えて絶えず求心力を保ちつづけた、そしてこんにちでも保ちつづけている理由は、ここにある。少なくとも部分的には、これで説明できる。

チベットを巡り、こう自問する人もまた、相変わらず多いように思われる。天上の地なのか、魔法の地、美の地、あるいは沈黙の地、力の地なのだろうか。だが、チベットはなによりもまず、そこを形作った人びとに相応した人間の地である。たとえ、その地の人びとのなかに卓越した人物がいるにしても。あるいはまた、チベットの偉大な詩人の一人ミラレパが言うように、「汝が国に執着してはならぬ。それは、石ころだらけの砂漠のなかにある、遊牧民の一野営地にすぎぬ」としても。だが、この地球という星の、いってみれば頂にあるこの広大な高原、アルプス山脈でさえ息切れしそうで、アンデス山脈も気後れしてしまう高度に位置する高原のことを、どうして夢見ずにいられようか。

「世界の屋根」。たしかに。だが、同時に、アジアの給水塔でもある。アジアの大河川がすべてここから流れ出て、大陸を潤しているのだから。チベットは何世紀にもわたり、その特殊な歴史と自然環境も相まって、他の地では衰弱してしまった特異な仏教伝統の伝習所（博物館ではない）となった。二十世紀初頭まで、チベットは、孤高の立場を守り通したが、だからといって孤立していたわけではない。外界の騒ぎの多くがヒマラヤ山麓にぶつかって跳ね返ったとしても、遠く離れた下界で発生する社会変動の余波は、政府や商人といった限られた人びとのあいだに伝わってきていた。

長いあいだ、連鎖して発生するそのような変動の直接の影響は免れていたとはいえ、外の世界に対してあまりに懐疑的で、また連綿と伝えられてきた叡智の霊力に信頼を置きすぎていた指導者階級に先見の明が欠けていたため、チベットも最終的にはそうした変動の被害者となった。これはしかし、長期間、地理的に隣接する隣国との関係がつねに晴朗澄明でありつづけていたということを意味するものではなく、領土防衛が完璧に機能し、外からの好奇心という好奇心がすべて打ち砕かれていたというわけでもない。ただ単に、多少なりとも他者から孤立し、その独自性を社会組織に反映させていた国が、人類の歴史のなかに飲み込まれはじめたのである。

この特殊性は、ジョルジュ・バタイユの注意を引かずにはおかなかった。バタイユは一九四七年、「チベットの不思議」と名付けたものに思いを巡らせ、こう書いている。「いまにも戦争を起こしそうな人であふれているこの地上で、攻撃にも防御にも適性を欠く、平穏な文明の孤島」。仏教だけでは説明しきれないことを感じ取ったバタイユは、正しかった。そして、それまでの歴史を一瞥し、チベット高原に関する中国の野心に対峙した英国の役割を明らかにした。英国は、一九〇四年にヤングハズバンド大佐の軍を派遣したのち、「チベットの主権を暗黙のうちに承認する英国勢力圏を獲得した」のである。ラサで署名された条約は、中国のいわゆる封主権を認めていない。

現在の袋小路を見きわめ、把握し、世界のパワーゲームのなかにおけるその位置を再確認するためにはおそらく、「主権、封主権、独立、保護領、帰属」といった基本概念をスタートラインとしつつも、その基本概念に関する解釈が不変ではないということを頭に入れておく必要がある。たとえば、チベットの論点は、中国の論点と明らかに異なっている。バタイユは、その点をすでに指摘している。「チベット人は中国人の言い分に異論を唱え、中国人はチベット人の言い分に異論を唱える」。

世界三大宗教それぞれの変遷を支えた経済構造を分析したあとで、バタイユは、こう確認する。「イスラム教は、（成長の）剰余をすべて戦争に振り当て、近代世界（キリスト教世界）は、すべてを産業設備に振り当てる。同様に、ラマ教は、瞑想生活、世界のなかで感受性の高い人間の自由なゲームに剰余のすべてを振り当てる。それぞれの宗教において、一つのことにすべてが賭けられているとはいえ、ラマ教は、他宗教のシステムの対極にある。ラマ教だけが『行動』を避けているのである。行動というのはいつでも、獲得し、成長することを目的としている」[1]。バタイユは、外部世界の好奇心をそそってやまないチベットの特異性の基盤そのものに、初めて強い関心を寄せた者の一人であったかもしれない。それにしても、こんにち二十一世紀の現況では、この文化の生き残り、そしてそれを作りあげた人びとの生き残りは、望み薄としかいいようがない。

（1）巻末参考文献【1】五三～一〇八頁、注記四八七～四八八頁。

グローバル化が高らかに謳われ、国際的な尊敬を求める中国の自己主張が強まる現今の状況展望において、チベット問題はそれだけで、グローバル化社会が担うべきいくつもの課題を投げかけている。たとえば、宗主国の利益を主眼とする、占領地の天然資源開発問題がそれである。そこでは当然の結果として、大量の移植者が流入し、傷つきやすい環境の破壊速度を速める恐れがつきまとう。しかも、その環境破壊の影響は、予測がつかない。一つの民族と、言語、芸術、医学、建築、宗教伝統など表現方法が多岐にわたる、その民族の文化との緩やかな終焉もまた、直面しなければならない課題の一つである。さらには、アジア大陸二大新興勢力間の紛争の火種、基本的な人権や自由の侵害に直面した国際社会と国際社会機構の無気力の象徴もどうにかしなければならず、爆発しやすいナショナリズムを前にした保護と介入の義務なども解決すべき課題である。チベットは、そうした多くの問題を考える契機となる。チベットのカリスマ指導者ダライ・ラマはといえば、非暴力を唱え、反復される紛争の袋小路から抜け出すために、交渉を強く推奨する。

第一章　座標軸

I　錯綜する問題

言語は一つひとつ、世界の見方を示すものであり、
各文化は一つの世界を形成する。

オクタビオ・パス

例外的な状況には、例外的な運命が用意されているのだろうか。チベット高原の立地条件がそれを証明しているかのように思われる。自然がほしいままにその力を振るう、この広大な空間で脈々と営まれつづけてきた人間たちの歴史は、平地で繰り返される喧噪とは別の世界（雲上というべきか）で展開され

てきた。その歴史にはある種の独自性が刻印されており、二十世紀初頭にこう記したジャック・バコの正しさを裏打ちするかのようである。「自然環境の厳しいところでは、人は精神性を高める。山地の人びとと船乗りは、空を眺める。環境に恵まれた平地では逆に、人は豊かで、物質主義者となる」。

エリゼ・ルクリュは、一八八二年の時点ですでに、著書『新世界地理』に次のように書きとめている。「パミール高原同様、チベット三角地帯の北と南にそびえ立つ二大山脈は、ふもとに暮らす人びとによって『天上』あるいは『神々の居間』と見なされている。この二つの山脈は、あたかももう一つ別の地球の境界線をなしているかのようだ。遠くから眺めるその別世界は、山上の雪が輝く王冠となって、まるで魔法の国のように見えるが、山越えをするごく少数の人びとは、そこが酷寒、猛吹雪、飢餓の世界だと知ることになる」。

自分たちとは異なる野心に燃える隣国に武力によって結び付けられ、さらには征服者のもくろむ近代化の歩みに強制的に組み込まれて、チベットはいわば、無理やり外の世界に連れ出された。けっして工業生産がもたらす実際の、あるいは仮想の快適さを嫌っているわけではない。だが、チベット人は、自分たちが充分に成長した大人であり、自力で取捨選択し、みずからの速度や必要性に応じて外界の事象を取り入れていけると思っている。そのために、必ずしも自分たちの歴史や伝統、一言でいえば独自性を犠牲にする必要はないと思っているのだ。増大するチベット人の不満の源はそこにあり、しかも政府当局が急速に推し進め、植民地主義のにおいがプンプンする中国化政策が火に油を注いでいる。

欧米メディアを筆頭に（それぞれの地域事情によって多少異なるものの、他の地域のメディアにも同じことが言える）、国際メディアを連日にぎわす、流血のやまない中東紛争の陰に隠れて、深刻さでは劣らない他の紛争はあまり注目を浴びない。たとえば、数多くの警告が発せられたにもかかわらず反応がなく、スーダンのダルフール紛争がニュース紙面に現われるようになったのはようやく、死者の数が二〇万人に達してからであった。セルビアからのコソボの一方的な独立宣言、あるいは「管理下」の自治という、バルカンの火薬庫に再び火をつけかねない外交ニュースもまた、メディアにとっては取り扱いに手を焼く。あの悲惨な歴史のきっかけとなったサラエボのテロ事件の再現となるのだろうか。

コソボの件に関しては、欧州域内にあるため地理的に近く、目が届きやすいと反論するのはたやすい。つまり、危険性はもはや欧州の入り口ではなく、域内にあるというわけだ。だが、それは、近視眼的な理屈である。この近視眼的理屈の基本的な間違いはまさに、より広い観点に立った見方をしないことである。グローバル化された社会にあっては、こんにちの世界の崩れやすい勢力均衡を計測するためには、広い視野が欠かせない。政府省庁が用心深く、チベット問題を引出しのなかにこっそりとしまっておくのも、おそらく部分的にはそれが原因と思われる。先を展望できる能力を持つ政府は、ごくまれなのだから。近視眼的な見方を正当化しようとして、他の要因も言挙げされるが、そのように主張するときの根底にある理由は、けっしてほめられたものではなく、すでに賛成している者を安堵させる役割しかない。

チベット問題を俎上に載せることは、不当だと見なされているようである。少なくとも、現在の紫禁城の主にはそう見なされている。しかしである。チベット問題の争点と影響が中国の国境をはるかに超える規模のものであってみれば、この問題を看過するわけにはいかない。地政学的観点によるチベット問題の重要性（ならびに緊急性）は、地図を見れば一目瞭然であり、標高を明示する現代技術を用いて地図を読めば、よりいっそう明確となる。[1] エリゼ・ルクリュの言葉を借りれば、この「アジアの城塞」は、大昔に大陸移動により隆起したのだが、専門家によれば、断続的な衝撃により突き上げられたテテュス海〔古地中海〕がこの途方もない高原を生み出した。高原に点在する塩湖や半塩湖、白く冠雪した高山のふもとにあってあまりに非現実的な黄金色の砂丘、最近まで開発とは無縁だった豊富な天然資源もこれで説明がつくであろう。

（1）一五頁の図参照。

城塞の特性は、不落と信じられることであり、チベットはたしかに、自然の防御手段に守られて長いあいだ、不落であった。にもかかわらず、要衝の地にあるため、強い所有欲をかき立ててきた。南の隣人は、チベット高原に自分たちの神々を住まわせ、東斜面の隣人には神の住居を置く者もいれば、「西方の宝の家」を想像する者もいた。高原周辺の人びとが、往来を拒む山脈の向こう側に何を想像したかがうかがえる。こうした多様な畏敬のまなざしを向けられるチベット高原は、「世界の屋根」をなし、そこを北極、南極に次ぐ「第三の極」とする科学者もいる。

しばしば人を寄せつけない面を見せるこの空間に住み暮らす者にとって、二三〇万平方キロメートル（現在のチベット自治区、および歴史的にチベットの一部をなすカム地方とアムド地方を含む。武力による一九五〇年の併合以降、この両地方は有無を言わさず雲南省、四川省、甘粛省に行政的に帰属させられている）の広漠な大地は、プゥまたはプ・カムという名前でも呼ばれる。[1] 欧州では十八世紀から使われはじめた「チベット」という名称は、モンゴル語の「トベット」や中国語の「トゥファン（吐蕃）」に由来するものと思われるが、アラビア語の「トゥバット」の可能性も捨てきれない。フランス語で初めて「チベットの」という形容詞が使われたのは、一七六五年のことである。

（1）一五頁の図参照。

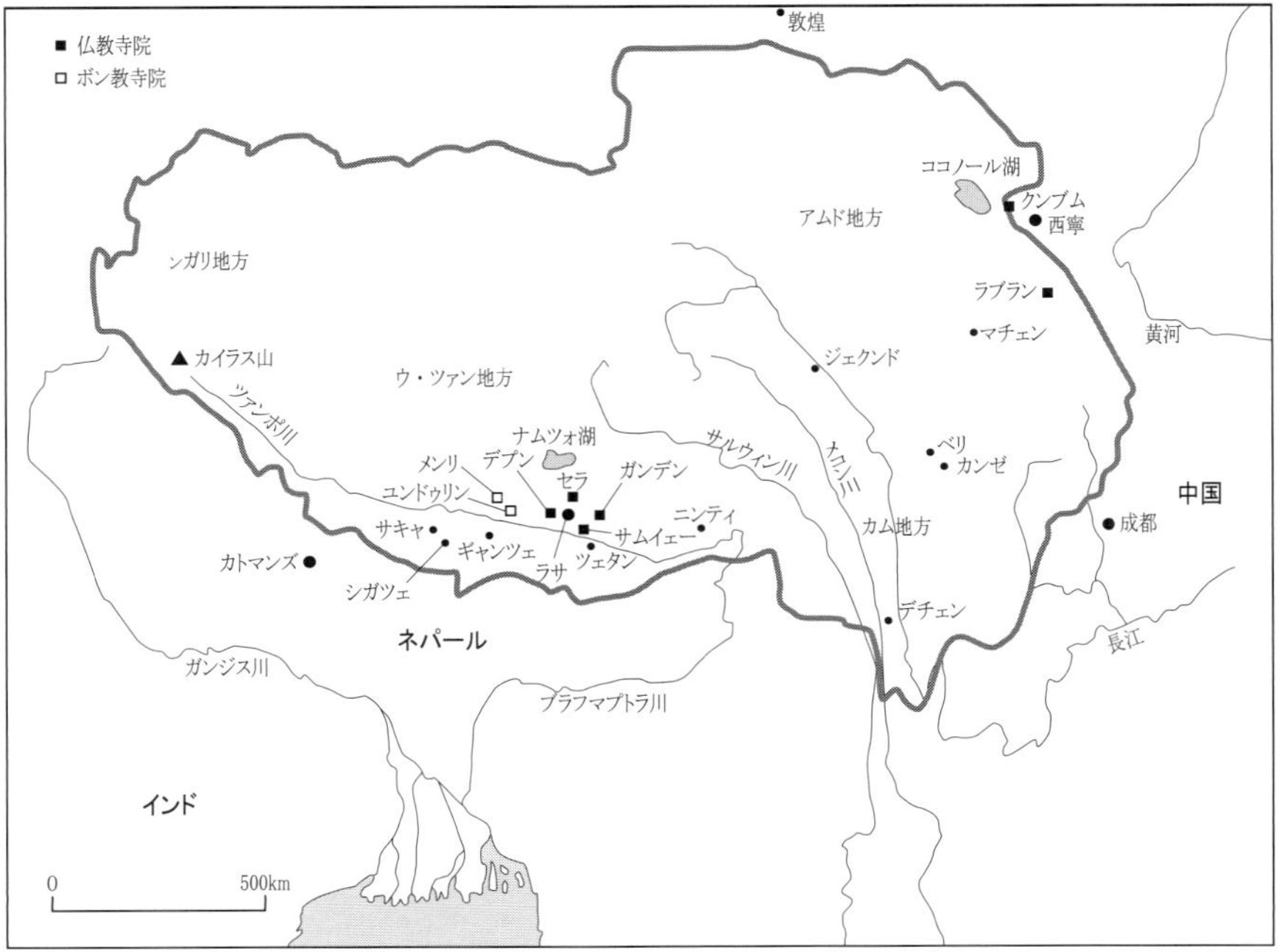
■ 仏教寺院
□ ボン教寺院
敦煌
ンガリ地方
アムド地方
ココノール湖
クンブム
西寧
ラブラン
マチェン
黄河
カイラス山
ウ・ツァン地方
ツァンポ川
ジェクンド
ナムツォ湖
メンリ
デプン
セラ
ガンデン
ユンドゥリン
サルウィン川
メコン川
ベリ
カンゼ
中国
ニンティ
サキャ
ギャンツェ
サムイェー
カム地方
成都
カトマンズ
ラサ
ツェタン
シガツェ
デチェン
長江
ネパール
ガンジス川
ブラフマプトラ川
インド
0
500km

図１　歴史的チベット

Ⅱ　起源

チベット人の起源を探るのは、たやすい業ではない。おそらく四〇〇〇年ほど前であろう。最初の住民は古代遠くにさかのぼり、高原に点在する氏族あるいは部族だったと推測する民族学者もいれば、何千年もの歴史のなかで混血を繰り返していったと主張する者もいる。当のチベット人は、以下の二つの説を紹介する。最も広く唱えられている起源説は、慈悲の菩薩、すなわち観音菩薩（チベット語ではチェンレースィ）の化身である雄猿と、救済の神ターラー菩薩の化身である岩山の羅刹女とのあいだの子孫とするものである。伝説上のこの両菩薩の合体から六人の子どもが生まれ、チベットの六つの原住部族となった。もう一つの起源説は、パンダヴァ王の武力による脅威から逃げざるをえなかった（遠くインドのマハーバーラタの影響があるのだろうか）インド人王子、より正確にはベンガル地方の王子がここの王座に就き、原住民を教育文明化したのだと唱える。

歴史学的には、釈迦牟尼の時代にツェタンの近く、ヤルルン渓谷に存在したことが証明されている王国をとりあえずチベットの起源とするが、ボン教（仏教以前に信仰されていた宗教であり、おそらくは現地のアニミズムやシャーマニズムの伝統と混交した、ペルシア起源の宗教）に関する最近の研究によれば、それより以前、チベット西部でインドとの国境に近く、現在のグゲ地方に成立していたことが確認されているシャンシュン王国を起源とする説が現実味を増している。大多数のチベット人たちはしかしながら、人類の共通の歴史のなかへの確証ある登場時期について、一致してマハーヤーナ（大乗）派仏法のチベット高原への（遅い）到達と文字の考案を指摘する。

チベット語は、チベット・ビルマ語派に属し、地域による発音の差が著しく、草書体（無頭体）もしくは活字体（有頭体）の文字で筆記される。チベット文字は、漢字のような表意文字ではない。その書体は、インドの聖なる書体デーバナーガリーを範とし、大征服王ソンツェン・ガムポ（紀元七世紀）の時代に王の命令を受けて練りあげられた。王は、仏典を翻訳させよう、つまり仏陀の教えを書きとめようとする明確な意図をもって、インドの聖地に特使を送り、叡智と知識の探求を命じた。五人いた妃のうちの二人、ネパール人のブリクティー・デーヴィーと中国人の文成（二人とも国家間の関係を密にする政略結婚）から仏教の手ほどきを受けていたこともあり、ソンツェン・ガムポ王は国内での仏教の普及を願った。以来、有雪国という美称を持つチベットの歴史は、世界を理解するためのこの新手法、すなわち仏教の刻印を深く受け、それとともにチベット高原とヒマラヤ山脈に奥深く抱かれた渓谷の文化は、独特の色合いを帯びることとなる。ソンツェン・ガムポの治世以降、さまざまな巡り合わせや政治力学に応じて増減する影響力に相応して、以下の四大宗派がチベットの日常生活に足跡を記していく。

ニンマ派は、紀元七世紀の派の開祖、奇跡を起こすウッディヤナ（こんにちのパキスタンのスワト渓谷）の聖者パドマサンバヴァの加護に支えられて、歴史上のあらゆる苦難を乗り越え、「古派」の別称を与えられた。支配氏族間の内紛を受けた仏教迫害が一時期続いたのち、グゲ王国のチベット人大碩学リンチェン・サンポは一〇四二年、インドのヴィクラマシラー大僧院から名僧アティーシャを招聘した。アティーシャの力を得て十一世紀に始まった「後伝仏教期」は、思索を深めるカダム派を生むにいたった。のちに、そのカダム派から訳経僧マルパ、およびその弟子のうち最もよく知られた詩人隠者ミラレパが離れてカギュ派（口伝を重視する一派）を形成し、ついで大改革者ツォンカパの庇護を受けたゲルク派（徳を実践する一派）が十六世紀に伝統をつないだ。やはり十一世紀に形成されたサキャ派は、政治面で決定的な役割を果たした。各派の頂点には、はっきりと知られた首領がいる。ニンマ派とサキャ派で法主、カギュ派でカルマパ、ゲルク派でガンデン座主がそれである。ゲルク派のあいだで、シガツェのタシルンポ寺座主であるパンチェン・ラマ（大いなる碩学）は崇敬される学者であり、他方、ダライ・ラマ（叡智の大海）はラサのポタラ宮に住み、宗教指導者であると同時に、チベットの政治的最高指導者でもある。

教義の面に関していえば、チベットの全宗派は、テラバーダ（インドおよび南アジアの小乗）、マハーヤーナ（中国、日本、朝鮮半島、ヒマラヤ地帯の大乗、フランス語では「超越」とも呼ばれる）、バジュラヤーナ（タントラとも呼ばれる金剛乗、とくにチベットとモンゴリアに見られる）に集録される仏陀の基本的説諭に立脚する。各宗派は、経典の一面をそれぞれの方法で深く探求し、解釈を与える。たとえば、ニンマ派は「直接的な悟り」に重きを置き、カギュ派では個人的実践が重視され、サキャ派はことのほか戒律に重きを置き、ゲルク派は僧院での生活態様と哲学的探究に注目する。しかしながら、全宗派は、文化遺産と知的財産を保全する必要があるという点では考えが一致する。それを可能にするのは、知識の入念な継承以外にない。代々受け継いできた地での生存が危ぶまれている人びと（およそ六〇〇万人）に比して、ごく少数（世界中に約一五万人）の亡命者が成し遂げようとしている目標は、それである。

Ⅲ　王国と制度

七世紀の絶頂期、チベットの吐蕃王国はアジアの中央部に位置して強大な力を誇り、他国から恐れられてもいた。王国は、ソンツェン・ガムポ（六二九〜六四一年）がこの地を征服して建国された。ソンツェン・ガムポ王の兵士たちが唐の首都長安（現在の西安）を包囲したため、六四〇年、唐の文成公主が王のもとに嫁ぐこととなった。ソンツェン・ガムポ王は、類似の国策結婚により、すでにネパール王女と結婚しており、仏教を篤信するこの二人の王妃の影響を受けて、臣民を仏法の道に引き込んだ。一方、チベット人民もそれに応え、この二人の王妃をターラー菩薩の化身と見なした。活力を分与する女尊であり、その力がなければ仏陀の行為でさえ無力となる、あのターラー菩薩の化身と見なしたのである。

しかしながら、物事には時間の助けを借りなければならない場合もある。仏教の教えはたしかに、ヒマラヤの高原に空前の宗教的・文化的繁栄をもたらしたとはいえ、仏教以前に広まっていたボン教の信者もまた、簡単には引き下がらなかった。ボンポと呼ばれる僧侶とその信者たちの抵抗をおもな要因とし、支配氏族間の対立も相まって、ソンツェン・ガムポ王が推し進めた仏教の普及活動は、王の治世とほぼ同時に終息した。

八世紀になり、大王ソンツェン・ガムポの曽孫ティソン・デツェンが普及活動を引き継いだ。ティソン・デツェン王は、チベット人からはグル・リンポチェと呼ばれるパドマサンバヴァの積極的な支援を得て、ラサからさほど離れていない、ヤル・ツァンポ川（ブラフマプトラ川）に面するサムイェーにチベット最初の僧院を建立し、精力的に仏法の地の土台を強化した。王は、王宮で対立するインド渡来の僧と中国系の僧のあいだの教義論争に決着をつけるために、七九二年から七九四年まで、両者のあいだで公式に宗論を戦わせた。前者は中観〔すべての存在はその固有の本質をもたず、空であるとする考え〕を本旨とし、後者は頓悟〔段階的ではなく、一挙に悟りを得ること〕を提唱していたが、インドの名僧シャーンタラクシタの博識な弟子カマラシーラは、自派の説を擁護する任にあたった中国僧摩訶衍《まかえん》を論破した。王は、じっと耳を傾け、舌戦の主役たちに礼を述べると、中国人僧侶たちに帰国を促した。この論戦を受け、ティソン・デツェン王が王自身と臣民のためにインド仏教を選択したのであってみれば、中国の年代記がこの間の経緯をあいまいに記すのも、さほど驚くには値しない。

こうした順風満帆の時代が過ぎると、政治面で決定的な役割を果たすことになる初期の僧院（一〇四〇年にシャル寺、一〇五六年にラデン寺、一一七九年にディグン寺が建立された）がその立場を固める一方で、チベットを飲み込もうとする外国勢力が国境に押し寄せはじめた。軍事に興味が薄れる一方のチベットを犠牲にして、モンゴルと中国のあいだでも争いが繰り返された。チンギス・ハーンの孫ゴダン・ハーンの騎兵は一二四〇年、チベットの仏教寺院を震撼させたが、ゴダン・ハーンは、サキャ派第四代座主サキャ・パンディタの深い学識に感銘を受け、サキャ・パンディタを宗教的指導者とすると同時に、配下の兵の荒ぶる行動を統制した。この時代から、チベットとモンゴルのあいだの関係を特徴づけることになる、きわめて特異な師弟関係（一方が導師、他方が施主・庇護者の、いわゆるチョエ・ユン関係）が始まる。モンゴル人が中国本土を支配し、元朝（一二七一～一三六八年）を打ち立てると、フビライ・ハーンはサキャ・パンディタの甥で、「帝師」とも呼ばれたパクパに政教両面の権限を与えた。チベットはその後、時代の波に応じ多少の変動はあるものの、自治にまかされ、宗教指導者のもとでの伝統の継承が許された。

数世紀にわたるモンゴル人、満洲族、中国人のあいだの抗争は当然ながら、みずからの意思とは無縁に勢力覇権争いの標的とされたチベットに影響を与えた。だが、チベット国内では充実した文化芸術が発展しつづけ、北京の満洲族政府はカギュ派を優遇するようになった。とはいえ、世俗の利害関係を動機とする諸氏族や商人の支援を受け、宗教界各派の指導者の覇権争いはやむことがなかった。サキャ派の勢力が衰え、カルマ・カギュ派が力を得たあとで現われたツォンカパ（一三五七～一四一九年）はすぐに、改革を経た自身の宗派ゲルク派の優位を確立した。このゲルク派に帰属する二人の指導者が、ダライ・ラマとパンチェン・ラマである。ゲルク派の優位は、一九五〇年に中国がチベットに軍事侵攻するまで続く。

他宗派と比較し、戒律と学問により厳しいこの新興宗派の台頭とともに、十五世紀はチベット史に新たな一章を開いた。ツォンカパ自身が一四〇九年にガンデン寺を、その一〇年後に高弟たちがラサ近郊にセラ寺とデプン寺を建立したのである。学院を備えたこの三つの僧院は以降、「チベット仏教三本の柱」と呼ばれることとなる。その一方で、タシルンポ寺は、チベット第二の町シガツェに確固たる地位を築き、カルマ・カギュ派は、カム地方にしっかりと根を下ろした。これらの僧院の名声はすぐに広まったが、世俗の領主や封臣はそれでも、みずからの宗教的庇護を確保しようとして権力抗争を繰り広げた。利益を求め、勢力拡大を求める連合関係は、それぞれの時代の軍事力や財力に応じて変転するが、そのため最高権力はただ一人の人物の手に集中していくようになる。すなわち、チベットの中心人物となるダライ・ラマである。

高僧に関する化身（トゥルク）制度そのものは、ニンマ派やカギュ派では一〇〇年を超える歴史があった。この制度がゲルク派で確立するのは、十六世紀末のソナム・ギャムツォからである。デプン寺の高名な碩学ソナム・ギャムツォは、アルタン・ハーンの招聘を受けてモンゴリアを訪れ、ハーンの仏教帰依二年後の一五七八年に、このモンゴル人武将から「ダライ・ラマ（大いなる海、または叡智の大海）」なる名誉称号を与えられた。ツォンカパの化身と見なされるソナム・ギャムツォは、ツォンカパの直弟子で、前任の僧院座主でもあるゲンデュン・ドゥプとゲンデュン・ギャムツォへの敬意の印として、さかのぼってダライ・ラマの称号を両名に贈り、みずからは第三代ダライ・ラマとなった。モンゴリアでの長年にわたる滞留中、とくにリタンのものやアムド地方のクンブムなど多くの新僧院を建立すると同時に、モンゴル人支配者層との政教関係を強化したのち、ソナム・ギャムツォはラサへの帰途、一五八八年に没した。翌年、慣行にのっとり、だがきわめて都合よくダライ・ラマの化身がモンゴリア支配氏族のなかから見出された。こうして、アルタン・ハーンの曾孫がダライ・ラマ四世となった。五世以降は再び、チベット人がダライ・ラマに就くこととなる。

十七世紀初頭、勢力争いは明白に、教団間、そしてその教団を支持する有力氏族間の争いという形をとり、教団がしだいに有力氏族を凌駕するようになる。つまり、教団が世俗名家とも言える氏族を支配するようになる。チベット高原の中央部にあり、チベットの中心部を形成する地域で、ひそかに覇権抗争を繰り広げるウ地方（ラサ）とツァン地方（シガツェ）のあいだの権力分配も、この図式を投影した。一六一七年にツァン地方のニンマ派の家に生まれたンガワン・ロプサン・ギャムツォは、モンゴル人を後ろ盾に、一六四二年にラサで五世ダライ・ラマとなった。シガツェのタシルンポ寺の高僧ロプサン・チョエキ・ギェルツェンの薫陶を受けたダライ・ラマ五世は後に、この卓越した師に感謝するために、「パンチェン・ラマ」、すなわち「大いなる碩学」の称号を贈った。

伝統的に、ゲルク派の二人の最高指導者を不可分に結び付ける特別な関係がこのときから始まり、パンチェン・ラマはこんにちにいたるまで、綿々と連なるロプサン・チョエキ・ギェルツェンの生まれ変わりと見なされている。二人の最高指導者は、それぞれの代の歴史的出来事に突き動かされて交錯するが、ときを経るにしたがって互いに琢磨すべきものと考えられている。チベットの人びとは、この二人の高僧の学識や叡智に関してはほとんど区別をつけないが、政治的権力を授けられているのは、ダライ・ラマのみである。これはつまり、チベットを政治的に支配しようとする野心を持つ者に、ダライ・ラマやパンチェン・ラマを操ったり、一方を他方に敵対させたりする企てを許すことにも通ずる。そのような企ては実際、例に事欠かず、現代でも見られる。たとえば、パンチェン・ラマ十一世の認定を巡る微妙な事件である。これは、亡命中のダライ・ラマが一九九五年にパンチェン・ラマの転生を認定するとすぐに、中国当局が家族ともどもパンチェン・ラマを拉致するとともに、茶番の宗教的儀式を執り行なって、中国政府の選定した「トゥルク」を強制的に即位させた事件である。チベット人は、中国当局によって強制されたこのパンチェン・ラマを、「中国のパンチェン」と呼んでいる。以降、チベットの認定を受けたパンチェン・ラマの消息はいっさい不明であり、他方、中国の認定を受けたパンチェン・ラマは「優秀な愛国者」となるべく、中国政府の選任した教師のもとにある。

ダライ・ラマ五世は疑いもなく、チベット史上の傑出した人物の一人である。グシ・ハーンからチベット全土に及ぶ政教両面の権限を与えられるとともに、モンゴル人の支持を得て選任された「デシ（摂政）」に補佐された「偉大な五世」は一六四五年、ポタラ宮の造営に取りかかった。場所は、連綿と続く系統を明示すべく、赤い山（マルポリ）の、ソンツェン・ガムポが寺院を建てたのと同じ場所であった。権威があり、見識も広かったダライ・ラマ五世は、ゲルク派の戒律を厳しく守らせたが、自派の狭い領域にとどまることなく、チベットの他派の伝統も偏見なく学んだ。

ダライ・ラマ五世は、政権の基盤を強化すべく、ガンデン・ポタンと呼ばれる政治体制をポタラ宮に設置した。この政体は、こんにちまで存続している。こうして、宮殿でもあり城塞でもあるポタラ宮は、ダライ・ラマの手中に集中した全権力をすぐれて体現する象徴となった。実際、大地にしっかりと根を下ろしたこの大建造物群は、ダライ・ラマの私的住居も含んでいれば、諸宗派の僧侶を受け入れるナムギェル寺、備蓄倉庫、行政部なども含んでいるが、それればかりではなく、驚嘆に値する蔵書館、仏殿、拝殿、霊廟、集会殿もそのなかにあり、内壁には職人や芸術家によって、神話の世界や有雪国の実際の生活を物語る光景が描かれている。

神秘的な世界観を実践することでも有名だった偉大な五世は、ネチュンの神託の役割もまた制度化した。ネチュンの神託は、国家神託であり、いまでもダライ・ラマの身近な習慣となっている。中国を掌握した満洲族清王朝の世祖から数度にわたり招聘を受けたダライ・ラマ五世は、一六五二年についに北京の宮廷に赴いた。ダライ・ラマ五世と世祖順治帝のこの出会いは、皇帝が臣民の物質的充足に気を配り、高僧が人びとの精神的充足を心がけるという、伝統的な暗黙の協調関係を新たにした。ダライ・ラマ五世はチベット高原に戻ると、「デシ」の効果的な補佐を得て、精力的に隣接諸国との関係維持に努めるとともに、ときに攻撃的ともなる教団間の闘争心を鎮めることに意を注いだ。ダライ・ラマ五世は、ポタラ宮の完成を待たず、一六八二年に没したが、その摂政サンギェ・ギャムツォは、ダライ・ラマが厳格な無期限の隠遁生活に入った旨を宣言し、一六九五年まで事実を隠しとおした。

権力欲のもたらす疑念といさかいが跋扈するなか、先代とは別の意味で傑出した人物、ツァンヤン・ギャムツォが登場する。ツァンヤン・ギャムツォは、チベット南部タワン地区（いまはインドのアルナーチャル・プラデーシュ州内）の辺鄙な村で、秘密裏にデシによって探し出され、規定の手続きを経て第六代ダライ・ラマに認定された。一六八三年に生まれ、一六九七年に即位したダライ・ラマ六世は、すぐに指導にあたる師たちを困らせた。顕職を果たすために課せられている戒律よりも、青年ダライ・ラマはポタラ宮が立つ丘のふもとにあるショル界隈の居酒屋を好み、哲学問答よりも弓術を、独りでの瞑想よりも若い娘たちとの付き合いを好んだのである。ダライ・ラマ六世は、そうした娘たちのために、ヒマラヤ地方の人びとの集団記憶ではしばしば二重の意味を含む、愛らしい四行詩を即興で書き贈った。ダライ・ラマ六世のこうした操行は、公人としてのダライ・ラマとは両立しないと判断され、モンゴリアの庇護者ラプサン・ハーンの怒りをかった。ダライ・ラマ六世は、ハーンによって廃位され、アムド地方に追放されたが、この追放は、チベットの大寺院のあいだに激しい反発を招いた。

詩人ダライ・ラマの廃位により、モンゴリアのジュンガル人と清のあいだで衝突が起こり、清の康熙帝はラサに軍を派遣し、そこに駐屯部隊を置き、一七二〇年にダライ・ラマ七世を即位させた。チベット政権に対する北京政権の代理人とも呼べるアンバン（駐蔵大臣）も、ラサに駐在することとなった。それぞれの時代に応じて管轄範囲は変動したが、アンバンは満洲族による清王朝が崩壊する一九一一年まで存続した。

ダライ・ラマ七世は、それぞれの責任範囲内でダライ・ラマを補佐する、大臣の合議による政治体制カシャを一七五一年に発足させ、一七五七年に没した。カシャは、こんにちにいたるまで利用されつづけている。ダライ・ラマ七世の没後、ひそかに中国の支援を受けるネパールのグルカの侵略を受け、ついで一九〇四年には、栄華を誇る大英帝国が派遣するフランシス・ヤングハズバンド軍の侵攻を受けるなど、混乱と係争の時代が続いた。他方、ラサでは短命な、あるいは説によっては短命に終わらせられた五人のダライ・ラマが次々と即位を重ねるなかで、中央政権は弱体化していった。その間、政治的、宗教的な利害関係が密接に絡み合い、危機や激動を生み出す策動がうごめくなか、有力氏族と組んだ摂政がチベットを統治した。一時期、武力を誇る領主を介した中国の軍事的支配下にあって、東辺のカム地方とアムド地方がラサに反旗を翻した。国家意識はこの時期に息を吹き返したように思われる。ダライ・ラマ十三世の治世が、この国家意識をよりいっそう堅固なものにした。

世界の他の地域同様、チベットでも、二十世紀は国家の根幹にかかわる重要な世紀となった。ロシアの皇帝も英国の王室も、アジア大陸における自国の存在を盤石にしようと、世界の屋根で介入競争を開始したように思われる。満洲族の政権がその土台からぐらつく一方で、ラサの駐蔵大臣の影響力は薄れていった。一八七六年生まれのトゥプテン・ギャムツォは、パンチェン・ラマ五世の後押しを受け、三歳のときにポタラ宮でダライ・ラマ十三世として即位した。それから修養を積み、ダライ・ラマ十三世が実際に政権を掌握するのは、一五年後のことである。摂政が執権の座にあったその間、チベットは外国に門戸を閉ざし、カム地方、とくにバタン僧院を中心として反中国暴動が起こった。うちにこもっていた不満が清政権の掲げる中国化政策によって表面化したのだが、そこには現地民への布教を図ろうとして中国に肩入れするキリスト教宣教師、とくにフランス人宣教師たちの策謀も一役買っている。

高い学識を誇るとともに、周囲の氏族間の覇権争いを泥沼化させないようにする用心深さも兼ね備え、畏怖されていたダライ・ラマ十三世は、二度にわたる亡命生活（最初は中国、ついでインドへの亡命）で外交面における洞察力を研ぎ澄ませ、チベットをわがものにしようとするさまざまな企てから距離を置く術を心得ていた。一九一三年には、モンゴルとのあいだで締結したウルガ条約により公式に独立を宣言し、同年の大祈願会では、ラサで独立を再び公に言明した。地理的要塞を形成するチベットのまわりでは、勢力拡大の争いが激しさを増し、対立は武力に訴えられ、列強は経験不足をいいことに、チベットを犠牲にして自分たちの紛争を解決した。

ダライ・ラマ十三世は自身の体験から、進化する外の世界を認識するとともに、鎖国状態では存続が不可能なこと、大きく生まれ変わる必要があること、とくに国の防衛に関しては大転換が不可避であることを認識したように思われる。だが、保守的な僧侶や有力氏族の抵抗にあった。インドを統治する英国は、そうした事態の変化には無関心で、まだ眠っているとはいえ、すでに強国であったアジアの二大国、インドと中国のあいだに緩衝地帯を設けようとする長期的展望よりも、当座の利害関係に気を取られていた。一九三三年十二月の死の直前、ダライ・ラマ十三世は遺書を残した。その警告は、暗い未来を予言するかのようだったが、結局は無視された。不可能と形容する者がいるほど、実現性のとぼしい任務を遂行する仕事を押し付けられたのは、あとを継いだダライ・ラマ十四世である。

Ⅳ　二重の視線

チベット仏教界きっての名刹、ラサのジョカン寺の門前に立っている石碑〔唐蕃会盟碑〕は、数百年にわたる、チベット・中国間の歴史解釈を巡る不和の土台となっている。一つがチベットと中国の国境を示し、もう一つが中国の首都に置かれていたこの石碑には、二つの主権国家のあいだで八二二年に交わされた条約文が刻されている。その碑文は、こう読める。

「チベットの大王と中国の大王は、甥と叔父の関係において、共同で両王国のあいだに同盟関係を付与した。チベットと中国は、現在の国境を維持するものとする。すなわち、東方に位置するものはすべて大中国に属し、西方に位置するものはすべて明白に大チベットのものである。今後、両国間には戦火も領土の争奪も発生させてはならない。（中略）この荘厳な合意は、チベット人がチベットの地で幸福に暮らし、中国人が中国の地で幸福に暮らす、偉大な時代の幕を開ける」。

このとき以降、歴史的事実を巡って見解が相違しつづけることとなる。チベットの年代記は、チベット人の見地で史実を記し、中国は中国で、中国人の視点から編年史をつづるため、まるで相互理解が進まない。ついでに付記すれば、万里の長城は、チベット人を含む「蛮族」の侵攻から皇帝の国を守るために築かれたことを忘れてはならない。それぞれの時代の情況しだいで変容した同盟関係は、浮き沈みする権力者のあいだで当初から複雑で、ときには紛争さえ発生させていた両国の絡み合いをいっそう、混乱させた。

両国のアプローチの相違は、十三世紀から明白となる。事実、ゴダン・ハーンの息子であり、後継者でもあるフビライ・ハーンは、入寂したサキャ・パンディタの甥パクパを「帝師」としたが、体面を失することは望まなかった。威信の問題から、内輪では宗教上の師の前でひれ伏すことを受け入れたが、公的儀式の際の帝師の玉座は、ハーンの玉座よりもほんのわずかに高いところに設置されてあるにすぎなかった。チベットの大ラマとモンゴル皇帝、ついで清朝皇帝とのあいだのこの高度に符号化され、デリケートな関係は、孫文が率いた、一九一一年の辛亥革命で最終的に終止符が打たれた。そのとき、ダライ・ラマ十三世は、北京で光緒帝と西太后の法要を執り行なったあと、ラサへの帰途についた。

実際、チベットと中国の関係には、あいまいさがついてまわる。言葉のあいまいさと、言葉の解釈を巡るあいまいさである。中国には、自国の勢力圏内を通過する者に仰々しい称号を贈る奇癖があるために、それが混乱に拍車をかけると同時に、外からの観察者は誰でも、どちらか一方に都合のよい主張を繰り広げる根拠を見出すことができる。だが、こうして維持された関係が何よりもまず、個人間の関係であって、国家間の関係ではないことも無視してはならない。つまり、こうした関係に、便利で一般的な領主・封臣関係の概念をあてはめることは、土台無理である。

それにもかかわらず、一方的な歴史解釈を基盤として、外国領土の支配を認知させようとする試みは、驚愕に値する、他解釈の切り捨てである。現在の中国政体は、共産主義であることから反帝国主義のはずだが、チベットにおける自国の存在を、帝国主義の伝統にのっとって正当化しようとしている。

中国政府は、チベット問題に、いかなる外国人も首を突っ込んではならない「内政問題」しか見ようとしないが、その一方で、全民族の自決権の尊重を声高に主張してやまない。この自決権の尊重には、中国に直接的な悪影響を与えない限り、という前提条件がつくのだ。チベット側はより巧みに、チベットと中国のあいだの力の不均衡によってもたらされた状況、および人びとの心の根底にある独自性意識に深く根ざした意志を引き合いに出し、長年にわたる事実上の独立維持を主張の基盤とする。この独立は、ときには武力によって守られ、一九一二年にはダライ・ラマ十三世によってはっきりと再宣言された。まったく相容れない、二つの歴史認識を前にして、欧米の列強はずっと、そのときどきの自国の利害関係に応じた傍観主義を決め込んできた。いつもは倫理規範や法規範の尊重を誇らしげに自慢するのに、それを意識的に無視してでも、チベットとチベット人につけを払わせようとする。

中国の反体制運動家のあいだで、とくに多数の運動家が亡命を余儀なくされた、一九八九年の天安門事件後、チベット問題が議論されるようになった事実も指摘しておきたい。一九九二年、この問題に関して初めて公の場で口を開いたのは、魏京生である。魏京生は、政権のトップに返り咲いていた鄧小平に、刑務所の独房から質問状を送った。当然だが、質問は、なしのつぶてに終わる。釈放後、魏京生が外国で最初に会った人物の一人は、ダライ・ラマであった。しばらくして、魏京生のあとに続く者も出てきた。たとえば、ハリー・ウー〔呉弘達〕である。ハリー・ウーは、共同著書(1)のなかで、ラオガイ〔強制労働収容」に関する調査を試みている最中、ソンツェン・ガムポに嫁ぐ文成公主が六四一年、チベットに入国する前に儀式を執り行なった場所に置かれてある石碑を発見したと記している。ハリー・ウーは、この結婚が疑いようもなく「国策結婚」であり、したがって学校で教える中国版認識は、歴史的事実からかけ離れているとしか思えないと指摘する。そして、ゆえにチベット人の将来を決めるのはチベット人自身である、と結論づける。

（1）曹長青、シーモア共編著（巻末参考文献【2】）。

やはり中国の知識人で、いまでも国内で暮らしている王力雄は長年、チベット問題に強い関心を寄せてきた[1]。熟考の末、王力雄もまた類似の結論に達したが、その結論は、チベット領内に数度にわたって滞在した経験、ならびに亡命チベット人知識人との、ときに熱を帯びた意見の交換に裏打ちされている。中国人の歴史学者葛剣雄の見解もまた、これに劣らず核心を突く。葛剣雄は、上海の復旦大学中国歴史地理研究所の所長だが、『チャイナ・レビュー』誌二〇〇七年二月号に寄せた記事で、吐蕃王国（当時のチベットの中国語名）が唐王朝の時代に独立した主権国家であり、唐からの統治を受けていなかったと論証している。そうでなければ、唐の皇帝がどうして国策結婚として、皇女をチベット王に嫁がせたりしなければならなくなるだろうか、と強調する。「唐の時代から、チベットがつねに中国の一部であったと主張するのは、歴史をないがしろにするものである」とも付け加えている。しかも、辛亥革命以前、中国という概念は明確ではなかった。中国を示す用語は、満洲、モンゴリア、チベット、東トルキスタンを除く清王朝の領土、すなわち「本部十八省」を指し示すために用いられていたからである。中国政府の現在の見解の偏りが、ここからも明らかになろう。この中国政府の姿勢を、帝国主義的、あるいは植民地主義的とさえ形容する中国人反体制運動家もいる。

（1）王力雄、ウォセ共著（巻末参考文献【3】）。

V　別個の世界

『新世界地理』第七巻の巻頭に置かれた「概観」のなかで、エリゼ・ルクリュは一八八二年、このように書きしるしている。「外界の変化に対応して、内なるものも大きく変容する。観念も、商品と同様に授受されるものなのである。（中略）人類が足を踏み入れたばかりのこの歴史的な一時期は、東アジアを最終的に欧州世界に結びつけることとなり、事件には事欠かない時代となる。重力の働きにより、水面が平滑になろうとするように、労働市場においても、条件は均一化を求める傾向を有する。単に腕がついているだけと見なされる人間もまた、みずからが生み出す製品以上でも以下でもない商品にすぎない（後略）」。そして、諸言を次のような疑問で締めくくっている。「東洋と西洋を再び切り離そうとする試みは、いまとなってはおそらく遅すぎる。チベット、朝鮮、そしていくつかの山岳辺境地域を例外とし、東アジアはこんにち、開かれた世界の一部となった。人類全体にとって、世界規模の歴史の流れのなかに五億人もの人間を引き込んだ末の結果は、どのようなものになるだろうか。これほど重大な問題は、ほかに存在しない」。

想定外の紛争が歴史の進行をいくぶん遅らせたとはいえ、ルクリュは、自分の言葉がこれほどまでに的を射たものになるとは、また歴史がこれほどまでに血なまぐさいものなるとは想像していなかったに違いない。ルクリュの注意を引いたのは、併合しようとする中国の試みにもかかわらず、「開かれた世界」の一部となっていないチベットであった。環境、風習、暮らしぶり、政府、僧院の役割に関するルクリュの描写は、民衆には苦しい思いをさせ、エリートからは無視されている遠隔地からの管理の下にある国を想起させる。ルクリュの考察は、当時の西洋列強がこの地域に投げかけている視線を反映したものでもある。欧米大国はすでに、中国の地における当座の利権争奪、原住民への宣教、そして未知や禁忌が醸す魅力に誘い出される変人たちの好奇心のあいだで逡巡しているように見える。

なぜなら、研究、調査、初期の翻訳、信頼のおける最初の辞書の編纂などが、とりわけインドのパンディットたちの「巡礼」のおかげで、盛んに行なわれる時期でもあったのだから。そうしたパンディットのなかには、インド測量局の命を受けて秘密裏にチベットの地に派遣された、あのサラト・チャンドラ・ダスがいる。

とはいえ、ロシア皇帝が武器をラサに送ったという根もない噂が広まっただけで、商業権益の確保に血眼だったインド総督は、一九〇四年の軍派遣を決定した。当時、フランスもこうした動きの傍観者にとどまらず、アジアでの植民地支配の強化に奔走し、英国と競い侵入の経路を開こうと懸命だった。鉄道の建設があらゆる方面からの注目を集め、技師や探検家は、ときにはきわめて不安定な状況をものともせず、互いに協力して測量や取り付け道路の建設にあたった。

大日本帝国は、領地の略取ともとれる列強のこのような進出を前にして、帝国版図に接近しすぎると警戒心を強めるとともに、一握りの大胆な探検家たちが宗教を隠れ蓑に、現地でスパイもどきの活動を展開していた。ロシアからの旅行者に目を転ずると、たしかにチベット中心部にたどり着いた者は少なかったが、それはチベット行を試みた探検家が少なかったことを意味するものではない。新たに国土となったシベリアへの探検行ののち、世界の屋根は垂涎の的ではあったが、他国の探検家たちと同様、ロシアからの探検家たちも目的地に入ることを許されなかった。ちなみに、米国がチベットを明確に「認識した」のは、第二次世界大戦の際、蔣介石の国民党軍への武器調達の道を探っているときであったように思われる。

このように国の内外で、自国に直接関係する係争が潜在する状況にありながら、国の指導者は、ごく少数の者を除けばその泥沼の規模に気づかず、チベットは鎖国状態も同然であった。チベットはいわば、知らぬ間に自分の手には負えない大きなうねりに巻き込まれていたのである。それは、警告と凶兆を気にとどめなかったせいだったのだろうか。いずれにしても、長年にわたる大法王ダライ・ラマ十三世の治世は、波乱にもかかわらず一種平穏の空気に包まれていたが、空には雲が渦巻いていた。ダライ・ラマ十三世は、そうした機運に乗じて一九一二年、独立を再宣言し、主要四地方（ンガリ、ウ・ツァン、カム、アムド）は、中国と国境を接する東の辺境地帯では平穏が上辺のものにすぎなかったとはいえ、比較的平和のうちにダライ・ラマ十三世の指揮下に集合した。入念に公式な手続きを踏んだ、こうしたアプローチに真に注意を払った者はいるだろうか。ダライ・ラマ十三世によるチベットの独立再宣言後、英国は、インド亡命時にダライ・ラマ十三世の相談役を務めた外交官チャールズ・ベルを介し、落とし穴のはめ合いのなかで主導的な役割を果たした。その術策は、現在の袋小路に後遺症となって影を投げかけている。こうしたあいまいな状況は第二次世界大戦の終了まで続き、チベットはその間、事実上の独立を享受できたため、国際法による保証を得る用心を忘れた。

アレクサンドル・ドフェ[1]は、正しくも以下のように書きしるしている。「空間は、地政学的観点から見た場合、争奪の対象であり、力の誇示の場である。戦略的な輸送経路や決定的に重要な資源の掌握をかけた争奪であるとともに、領土、さらには象徴的な場所を奪い合うのである」。卓越した政略家である毛沢東は、ネルーよりも前にそれを悟り、チベットはそのため、大きな痛手をこうむることとなる。

(1) 巻末参考文献【4】。

第二章　チベットの地政学

Ⅰ　中国政権の攻勢

産業や知識の発達度から見た場合、チベット民族は
文化的に最も進んだアジア民族の一つである。

エリゼ・ルクリュ

国民党軍を破った勢いに乗り、一九四九年に北京で新政権を樹立した中国共産党は、十月の時点ですでにチベットに関する方針を発表している。新政権の目論見は、人民解放軍に与えられた一九五〇年のための指令のなかですぐに明確にされた。それは、第十代にあたる幼少のパンチェン・ラマが毛沢東に

祝電を送り、チベットの「裏切り者たちの絶滅」を頼んだという口実のもと、「外国の帝国主義者からチベットを解放せよ」というものであった。

一九三八年に、ダライ・ラマ十四世同様、アムド地方の小さな村に生まれたパンチェン・ラマ十世チョエキ・ギェルツェンは当時、わずか十一歳にすぎず、側近は、蒋介石の国民党が台湾に亡命したにもかかわらず、北京にとどまることを選んだ。パンチェン・ラマの地盤であるシガツェと、チベット政府があり、ダライ・ラマの地盤であるラサとのあいだで見え隠れする伝統的な覇権争いは、毛沢東とその補佐役たちに利用された。ゲルク派の二大ラマの側近たちが利害を巡って繰り広げる衝突は、チベット史にしばしば重くのしかかっており、パンチェン・ラマ九世が中国国民党のもとに亡命していた、大法王ダライ・ラマ十三世の治世においてとくにそれが目立った。とはいえ、この二人の最高指導者の個人的関係は、長く維持された。いずれにせよ、二人の関係はチベット人たちによって、何世紀にもわたって転生が繰り返されても、けっして切り離せない縁と見なされており、よく太陽（ダライ・ラマ）と月（パンチェン・ラマ）の関係になぞらえられる。

一方、中国の政権を担う者たちは、それが国民党であっても共産党であっても、みずからの意図に応じて両者の反目を誘発することに、何のためらいも見せなかった。チベット・中国間には自然の地理的障害があり、さらには国境地帯の混乱に輪をかける輸送・連絡手段の確保の困難さも相まって、両国の対立は決定的となったが、そのうえ極東では朝鮮戦争が勃発し、世界政治の駆け引きの場に冷戦という新たな駒も加わった。列強、とくに中国との軋轢を激化させたくない米英二ヵ国は、主権国家となったばかりだが、国家分割の苦痛にあえいでいるインドの意見を盾にとった。さらに、誕生したばかりの共産主義国家中国は、ソビエト連邦の積極的な支援を受けており、これも戦後の新たな力関係が構築されつつあった当時、看過できない切り札であった。何もしないというこの選択肢は、その後、世界の屋根でさまざまな出来事が発生するなかで、つねに視野に入れられつづけた。当事者とならないことを願ったゲームに、意に反して引きずり込まれたチベットはこうして、みずからの運命に関与する足がかりを失ったのである。

「外国帝国主義からの平和裏の解放」に関していえば、当時ラサに常駐していた欧米人は一〇人を下まわり、地方にいたのはチベット政府に任命され、カム地方のチベット側前哨チャムドと首都ラサのあいだの電信連絡の確保にあたっていた英国人、ロバート・フォード一名のみであったことを指摘しなければならない。また、ラサに居住していた数人の中国人が護衛付きで国境まで送還され、その理由が国民党に忠誠であるというものではなく、望ましくない外国人というものであったことに、毛沢東がいたく憤慨したことも付け加えるべきかもしれない。

チベットの指導者層のなかには、チベットの未来に影を落とす脅威に気づいた者もいたが、術策の駆使を習いとする摂政政治が舞台とあっては、情報や準備の不足もあり、もたらされる結果を明確に予測しきれる者は一人としていなかった。このような条件下では、一度賽が投げられると、つまり一九五〇年十月六日、中国軍が宣戦布告もなく天然の国境をなす長江を渡河すると、すべては比較的迅速に進展した。凄惨な戦闘が繰り広げられ、小人数の武装グループの激しい抵抗もあったが、チャムドの町はおよそ一〇日後、降伏した。武装グループはその後も長いあいだ、ゲリラ闘争を継続した。

独眼竜将軍劉伯承、そして劉将軍と組むことの多かった鄧小平政治委員の二人は、中国側の要求を伝えた。それは、チベットの中華人民共和国への併合、人民解放軍兵士の国際国境への駐屯、「帝国主義者」たちとチベットの関係の断絶を求めるものであった。外国では、少しばかり憤りの声が上がったのを別とすれば、誰も被侵略国に支援の手を差し伸べようとしなかった。他に選択肢を持たないチベット指導者たちはやむなく、最高権威にすがることにした。ダライ・ラマは通常、十八歳になってはじめて、すべての権限を行使できると見なされるのだが、十五歳になったばかりの勤勉な若者で、世事にも政治にも疎いテンジン・ギャムツォがこうして、すべての特権を授与され、一九五〇年に正式に即位した。

中国政府の命令を受けて、チベット代表団が北京に派遣された。この派遣団に決定権はなかったものの、まだ交渉可能なものは交渉しようとの希望を抱いていた。だが、中国指導部はまったく聞く耳を持たず、協定書はすでにできあがっており、受諾するか拒否するの二者択一を迫られた。拒否した場合、中国軍の前線部隊がラサまで進攻するとも伝えられた。一九五一年五月二十一日、人質同然の代表団は強制され、チベットの「平和裏の解放」に関する「一七カ条協定」に署名した。ラサではすぐに協定の有効性が疑問視されたが、何の効果もなかった。この協定は一九五九年、使用された印璽が中国側の偽造による偽物だったことを国際法律調査[1]が証明し、疑義が投げかけられた。また、ダライ・ラマは、亡命地インドに到着した際に協定の無効を宣言した。

（1）巻末参考文献【5】。

最初の中国兵がラサに足を踏み入れたのは、一九五一年十月だが、初期の入植者がそのすぐあとに続いた。同時に、中国政府は、軍事輸送を容易にする道路の建設を急ぎ、獲得した領土を中国本土につなぎとめておこうともくろんだ。北京とラサのあいだに鉄道を敷設しようという構想も温められたが、この構想が具体化するのは二〇〇六年まで待たなければならなかった。中国側の軍事・民事責任者は、チベット内政管理の実権を握り、土地共有化、行政部門の粛清、軍隊の食糧や宿舎を調達するための徴用、ラオガイ（労改）服務者の労働者としての利用、チベット人に対する強制労働など、現地の慣行を無視した改革を押し付けた。共産党政府がチベット社会の柱、すなわち僧院を攻撃しはじめ、

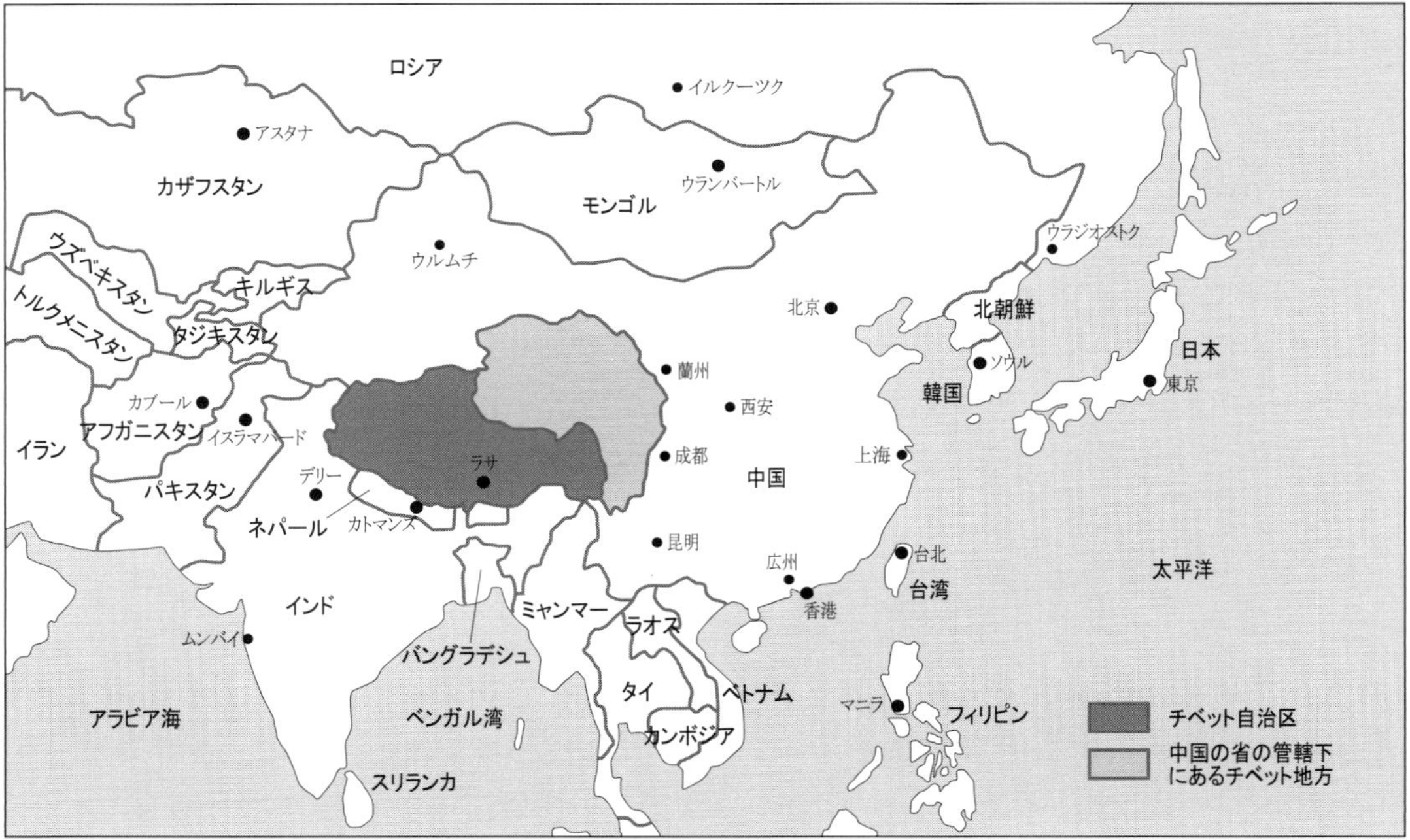

図2　アジアのなかのチベット

尊敬を集める高僧を公然と侮辱するとすぐに、武装抵抗グループが形成されていった。

状況は徐々に、だが確実に悪化しつづけたが、その一方で、ダライ・ラマ十四世は、段階を追って勉学の修得に努め、侵害者からチベットの人びとを守ろうと腐心した。対立は、ダライ・ラマとその随行員がダライ・ラマの教師、パンチェン・ラマ、カルマパ十六世、ニンマ派の最高指導者を伴って北京を訪れた一九五四年以降、激化した。この北京行は、新たな状況を法的に有効化するための全国人民代表大会への参加を促されたことによるものであった。ほぼ一年後に一行が帰国したとき、チベット国内では歯車が完全に狂っていた。

ラサは、騒然としており、占領は糾弾され、侵入者の撤退が要求された。ありあわせの手段（多くはなかった）を持ち寄って抵抗が組織されたが、それに対する中国側の公式な回答はすばやく、逮捕、脅迫、弾圧が行なわれた。僧院の監督が強化され、チベット自治区準備委員会が設立された。準備委員会の主任にはダライ・ラマが指名されたが、実権は与えられず、一七カ条協定で定められた約束を遵守しているという外見を整えるだけのものであった。

一九五六年以降、状況はさらに悪化した。抵抗は激しさを増し、チャムドでは反乱の形をとるようになった。ＣＩＡは一時期、チベット人志願者を訓練することによって中国の思惑を妨げようともくろみ、首を突っ込んだ。訓練された志願兵がチベット国内の抵抗組織に参加するのを期待したのである。だが、力の差は、あまりにも大きかった。人民解放軍によって包囲され爆撃されたリタンの僧院のように、中国側が僧院を破壊しはじめると、衝突は激化した。

一九五六年から一九五七年にかけての冬、ダライ・ラマに短い猶予が与えられた。インドで開催された釈尊生誕二五〇〇年祭に参加したのである。その折、ダライ・ラマはネルー首相と会談したが、すぐにチベットに帰国して中国政府との対話の可能性を探るようにとネルー首相は警告している。一九五八年、中国の「大躍進」政策に伴い、容赦のない新たな弾圧キャンペーンが始まったため、それに対する抵抗がチュシ・ガンドゥク（四江六山）の活動とともにすそ野を広げた。カンパ（カム地方の住人）である、チュシ・ガンドゥクの指揮官ゴンポ・タシ・アンドゥクツァンは、いまでは伝説の人物となっている。中央政府が推し進める政策を粗暴と判断し、それに嫌気がさしたラサの中国軍砲兵隊司令官は、脱走し、蜂起した人びとの群れに加わった。平静を求めるダライ・ラマの呼びかけは無視されたが、服従せず、自由を求める民族の意思にいらだちを強めた中国政府の失政は、火に油を注ぐようなもので、緊張は高まった。

一九五九年三月、ラサで反乱軍が蜂起した。三月十七日の夜、カンパ抵抗組織のメンバーに守られて、ダライ・ラマが中国軍砲兵隊の標的となっていた夏宮をあとにした。翌日から、ラサの町は爆撃にさらされ、ポタラ宮に対面する丘の上の医学校が破壊され、セラ僧院も同様の運命にさらされた。一〇日ほどのち、中国国務院は、「チベット地方政府」を廃止して全権を人民解放軍に授与し、ダライ・ラマの地位をパンチェン・ラマに与えた。困難な三週間の旅の果て、ダライ・ラマ十四世と側近は、国境のインド側アルナーチャル・プラデーシュ州タワンの近くに到着した。ダライ・ラマのあとを追い、やがて一〇万人ほどのチベット人が国境を越えることになる。

このときから、もはや公式には「帝国主義の影響からチベットを解放する」とはいえなくなり、「搾取者と金満家の締め付けから農奴を解放する」と変化した。チベットでもまた「階級闘争」が必要となったわけであり、中国政府の目論見をよく表わす用語変更である。

Ⅱ　インドの逃げ口上

チベットに関する新生中国の宣言は、少し注意を払えば、容易にその意図が読み取れる一方、インドの姿勢は、インドの伝統や、英国によるインド統治の後継者たちが高く掲げる原則とあまりに乖離しているように思われるため、解読がさほど容易ではない。ネルー首相の政治的理想主義と毛沢東流の現実的政策のあいだでは、断絶は明白であり、インドの方針は、純真な行動と臆面もない振る舞いのあいだを行き来するシーソーに似ていた。だが、対象をあまりに間近に見ると、明白な事象にもかかわらず、正確に把握できなくなることが多いのかもしれない。

二十一世紀の幕が開けた最近になってようやく、インドでも、少数のプライベートサークルがチベット問題に関するインドの過去、そこから波及して中国とのあいだの外交史をオープンに問い直しはじめた。実際、「世界最大の民主国家」インドはしばしば、とくにダライ・ラマの亡命以降、不滅の中印兄弟愛という空想的願望を根拠とする政治スタンスをなかなか正当化できない局面に直面した。それにもかかわらず、チベット問題に関するこのあいまいさは表面下につねに存在しつづけ、ときには直接の関係者である軍部があからさまなほのめかしを漏らすこともあった。

チベットは伝統的に、アジア二大国間で通路（難路）と緩衝（効果的）の二つの役割を果たしてきた。この二つの国のあいだでは、交易や借用もまた綿々と行なわれてきた。中国は、インドに財物や物資を提供し、インドはむしろ、理念や知的影響を中国に与えてきた。インドの人びとにとって、ヒマラヤ山脈の向こう側には神の領域があり、中国人は、西方極楽浄土が死者を受け入れてくれると考えてきた。他方、チベットは、こうした神秘的な思い入れや、不思議な力を備えた裸のヨーガ行者から少しばかり距離を置いていた。

一九五〇年代後半まで、ラサと北京のあいだの最短の行程は、インドを経由するものであった。チベットの俗諺ではこれを、「正面の大門は、南方からくる客を迎え入れるためにつねに大きく開け放たれ、裏の通用門は、東の略奪者が不意に侵入してこないように鍵をかけておく」と解釈している。吐蕃王国が仏教を国教として以来、王侯であれ僧侶であれ、チベットの指導者たちはつねに、インドを「聖なる大地」と見なしてきた。亡命チベット人がインドに残る仏教の痕跡をよみがえらせようと熱心に努め、釈迦牟尼の地上生活に関連する聖地の名声を復活させようと奔走するのも、ここに理由の一つがある。

長期にわたってインドに拠点を置いてきた英国はその間、山脈の向こう側に支配領域を広げることよりも、交易や物質的裕福さに関心を払ってきた。そして、新生インドの指導者はまず、緊急課題となっている、インドの西と東に分離独立したばかりのパキスタンとのあいだの継承問題の解決に精力を注いだ。この混乱期には、北のヒマラヤ山脈国境に波風を立たせたくなかった。教養豊かで、継承したインドの遺産と、ようやく自立できた国のさまざまな期待とのあいだで折り合いをつける役目を担わされたネルー首相は、このインドについて刑務所のなかで考え抜いていた。ネルーは、インドの矛盾を考察し、ガンジーの声に耳を傾けることによって、インドを「発見した」[1]と言う。考察中に、エドウィン・アーノルドの『アジアの光』[2]に影響を受けたとも語り、このように書きしるしている。「年代は過ぎ去っていき、仏陀も結局、さほど遠くないところにいるような気がする。仏陀の声は、戦いから逃げてはならず、むしろ冷静な目でそれを直視し、人生においては成長し前進する機会をこそ見出すようにすべきだと、私たちの耳元でささやく」。にもかかわらず、ネルー首相は、国家の利益という大義のもとで、平然とチベットを犠牲にすることをいとわなかった。だが、当時のインドの利益を、ネルー首相は正しく理解できたのだろうか。あるいは、共産党高級官僚、周恩来の友人としての抗議を本気で信じたのかもしれない。

（1）巻末参考文献【6】。
（2）巻末参考文献【7】（若年の仏陀が悟りを開くまでの生き方）。

ネルー首相はそもそも、「チベットが孤立状態から抜け出て、現代に合流するためには、社会主義に少し触れさせるのも悪くはない」とよく言っていた。若くて経験の浅いダライ・ラマは、当時のネルーに模範を見ていた。仮に師と仰ぎ見てはいなかったにしても、少なくともよき助言者としてとらえていた。権力の絶頂期にあったインドの知性と、世界の舞台に登場したばかりの仏教指導者とのあいだにはしかしながら、意気の投合が見られなかったように思われる。非暴力という共通の意思が二人を接近させる可能性もあったのだが、世代が異なれば、抱く幻想も異なる。一方は、主権の奪回に成功したところであり、他方は、独立を失ったばかりであった。いずれにしても、チベットの命運を決めるきわめて重要な時期に、自由で平和的な国、伝統的にインドの「精神的息子」を自認する国が寄せた信頼を、ネルー首相は裏切ることになる。

ブッダ・ジャヤンティ(1)のために、一九五六年から一九五七年にかけて初めてインドを訪れた際、ダライ・ラマはニューデリー訪問中の周恩来と会い、アジア諸国の高官と顔を合せ、ネルー首相と会談を持った。第三世界諸国のあいだで一時期、おおいにもてはやされた非同盟（米国とソ連の二大強国の勢力圏のいずれにも属さない）政策を推進するインドのネルー首相は、チベットと中国の対立では、慎重な中立の立場を選択し、和解を助言した。チベット人の意見は、分かれていた。危機を前にして、少数とはいえ、中国の新理念に賛同する者もいれば、主戦論を唱える者、あるいは血を流さずに名誉ある解決策を探ろうとする者もいた。しかしながら、チベットが中国ではなく、事態が切迫しているという二点では、皆の考えが一致していた。各陣営はそれぞれの仕方で、この優柔不断のつけを払うことになる。

（1）釈尊生誕二五〇〇年祭。

奪取したチベットの現場で、中国政府が「自治区準備委員会」のような見せかけの制度組織を構築しようと活発に行動する一方、インド政府の責任者たちは、毛沢東の中国との関係を確実なものにしようとした。ネルー首相が低姿勢をとるようにダライ・ラマに警告したのも、さらには状況の度合いをみずからの目で確認するために、ラサのダライ・ラマを訪問することを約束したのも、おそらくはそれが理由であった。この約束は、守られなかった。中国当局が、現地でのインド首相の安全を守れない恐れがあると伝えたからである。これは、単なる口実だったのだろうか。それとも、中国がチベットを掌握しきれていないことの証だったのだろうか。中国がアクサイチン地方（インド北西部）に侵攻し、一九六二年に短期間の中印紛争が発生してようやく、目を覚ましたインド人もいたが、ネルー自身はけっして、自分の不明を認めなかった。

あるいは、ラサにおける一九五九年の反中国民衆蜂起が、ネルー首相の心に懐疑の念を抱かせたかもしれない。いずれにしても、ダライ・ラマの脱出後、逆境にあるダライ・ラマとその随行員に対し、インドは、避難場所を保証するという歓迎のメッセージを用意していた。当時のインドの置かれた状況を考えれば、数千人もの避難民の受け入れは、ネルー政権の雅量を示しているが、それはもっぱら人道的なものであり、高貴な精神を認めたための行動とも言える。チベット人の亡命状態はもう半世紀も続いているが、インド政府は公式には、チベット問題に関する政治方針を一度も見直したことがない。経済的なつながりが緊密となり、隣国関係が休眠状態の案件を未決書類の棚から引っ張り出すことを余儀なくするいまになって、チベット問題は、インドが解決しなければならない問題として再登場する。

まず、ヒマラヤ地域の国境画定というデリケートな問題が残っている。ついで、ダライ・ラマが国際的スケールの重要人物となったために、インドの首都ニューデリーと中央省庁から離れた場所に隔離しようとして追いやったはずのダラムサラが、流行の場と化したばかりか、輝きを放つ一拠点となってしまった問題がある。有名人や政治家、科学者、財界人、さらにはジャーナリストが集まり、好奇心にかられた人びともやってくるようになったのである。山中にまどろみ、いかにも辺鄙な村が、いまでは「小ラサ」の名を冠されている。インドの旅行代理店もちゃっかり、それに便乗している。

別のデリケートな点は、亡命生活のなかで生まれ、より開かれた、インドの民主的な社会のなかで成長した若いチベット人世代が、もはや世界と切り離された存在ではなく、精彩に富む非暴力のイベントを開催して、自分たちの声を世界に届ける術を知りはじめたことである。そのようなイベントは、チベットに対する不当な仕打ちを見逃してはならないと、固く決心した支援者たちの国際ネットワークによって伝達される。こうした問題の緊急性は、インドの亡命チベット人が法的にはなんら明確な身分を与えられていないばかりか、兵役についてヒマラヤ山岳地帯の国境パトロールを遂行しなければならず、しかも煮えきらない政治の混迷状態のなかでダライ・ラマ十四世の入滅が近未来の現実としてたしかなことから、なおさら強く感じられる。なんとなくエキゾチックな思い入れ、あるいは宗教的な心酔は措くとしても、国際法違反、およびその当然の帰結としての現在進行中の植民地化、さらにはチベット人に対する基本的人権の蹂躙は、解決すべき課題を提起してやまない。警戒を怠らず、また飽きもせず大々的にプロパガンダを展開する中国の努力も、ここでは水泡に帰している。

インドにとって、まさに注目を浴びて国際舞台に登場し、国家間のグレート・ゲームにおいてインド本来の地位を確保しようとする意図を有するいま、チベットに見切りをつけることはむずかしい。政治評論家や軍事専門家は、それを明白にわきまえており、そうした専門家の分析は商業、天然資源開発、環境、宗教ツーリズム、あるいはまた経済競争や戦略地政学など、きわめて多岐にわたる領域をカバーしている。チベット問題解決に踏み込めないインドのジレンマは、ある意味では、そして異なる理由から、中国のジレンマでもある。しかし、アジアの二大強国になろうとしているインドも中国も、この問題をないがしろにはできない。

Ⅲ　現代の「グレート・ゲーム」

一九五〇年、英国の『エコノミスト』誌はこう書いている。「一九一二年以降、中国に対する完全な独立を維持していたのだから、チベットは、独立国家と見なされてしかるべき理由を有している。しかし、この問題に関してイニシアチブをとるべきは、インドである。仮に、インドが自国と中国のあいだの緩衝国として、チベットの独立を支持する腹をくくるならば、英国と米国はためらいなく、チベットに外交上の公式の承認を与えるだろう」。これは、はかない願いであった。インドはじっと動かず、英国と米国の政府もそれにならった。現在にいたるまで、チベット問題に関する民主国家のどっちつかずの姿勢には、そこはかとない居心地の悪さがつきまとう。

こんにち、外交官も評論家も、折につれ儀礼的に遺憾の意を表わし、またチベットと隣国中国の両国民の利益のため、飽くことなく和解による解決を探りつづけるダライ・ラマ十四世の気骨に敬意を表することはあっても、「既成事実」を盾に取ろうとする傾向にある。しかしながら、問題の根源は解消されておらず、思いがけぬときに表面化する。学術的な討論のおりなど、研究者や歴史家は、十九世紀末から二十世紀初頭にかけて列強が中国領土の割譲を競った「グレート・ゲーム」の影響を感じ取ることができる。

当時は、帝政ロシアと大英帝国の両国にとり、たしかに異なる手段と方法に拠ったが、それぞれが支配地の足固めを図るときであった。インドシナ半島に駒を進めたフランスは、支配地の北方地域で進行する事態に注意を払い、技師や宣教師を介してそこに入り込もうと画策した。しかしながら、現地の事情に疎く、危うい結果を招く恐れがあるにもかかわらず、中国に賭けようとする傾向のあるフランス本国政府の目には、中国進出の利益展望があまりに現実離れしたものとしか映らなかったのであろう。フランスは、中国への進出競争を放棄した。

二十世紀の血なまぐさい出来事はたしかに、世界の情勢を変えたが、求める利益や最終目標は必ずしも変更されたとはいえない。勢力争いも同様であり、自国の理念をいかに遵守するかという点でも変わりは見られない。たとえば、憤慨を装う口先だけの抗議を除けば、一九五〇年の中国によるチベット侵攻の際に行動した民主国家は一国もなかった。また、事態に目をつぶろうとする、意識的あるいは無意識的なインドの姿勢に導かれて、誕生したばかりの国際連合は、その第一義の義務、すなわち武力攻撃を受けた国を保護し、民族自決権を遵守させるという義務に背を向けた。アジア・アフリカ諸国が植民地のくびきから解放され、独立と国家主権を勝ち取るという、第二次世界大戦直後の世界の歴史的流れに逆行し、チベットは植民地化の道をたどることになる。

チベット政府は一九五〇年十一月七日、国連事務総長に提訴し、国連加盟国が中国の武力攻撃をやめさせるよう求めた。だが、無駄な努力だった。国連の機構外で和解による解決が可能だと、インドが確約したからである。九年後、ラサで民衆が反中国を掲げて蜂起し、ダライ・ラマが亡命先に向け出発すると、モスクワと北京のあいだの関係が以前ほど親密でなくなっていたこともあり、国連関係者の無気力に一瞬、喝が入れられた。国連の「重大な関心」を表明する一回目のチベット決議が、ソ連とその友好国の反対にもかかわらず、台湾の支持があり、一九五九年十月二十一日に採択された。

二度目の決議は、国際法律家委員会の報告を受け、その翌年に採択されたが、これも実効性は皆無だった。国連総会の決議は、安全保障理事会の決議とは異なり（理論上にすぎないケースがしばしばだが）、拘束力を持たないのである。列強が植民地を奪い合った「グレート・ゲーム」の時代のように、チベットの運命は、チベットの合法上の指導者にも民衆にも手の届かないところにあった。中国政府は、直接矢面に立たされるたびごとに、「内政問題」であり、「外国からの干渉」は受け入れられないという口実で、非難を門前払いにする。一九六四年、国際法の専門家で構成され、国際連合の諮問機関の一つである国際法律家委員会がチベット問題を再び取り上げ、「チベットで継続される人権侵害」と題される資料を提出すると同時に、ダライ・ラマも再度、国連事務総長に提訴した。この資料は、パンチェン・ラマが一九六二年に周恩来に提出した秘密報告書[1]に準拠しており、ラサ蜂起後にチベットで行なわれた暴行略奪を詳記している。国連総会はそこで、三回目の決議案を採択するが、前二回同様、実効性を伴わなかった。一九六八年には勇気を持って、タイの外相が中国によるチベット人の「組織的虐殺」に触れ、チベットで起きていることに目をつむりつづける者たちを非難した。だが、これもさほど波紋を呼ばなかった。その後、国連の舞台ではチベットの悲劇に幕が下ろされ、国連関係者の狭い世界では、現実路線が徐々に幅を利かせるようになっていった。

（1）「七万字の請願書」の名でも知られ、また毛沢東によって「共産党に対する毒矢」とも決めつけられたこの文書を書いたことで、二十四歳のパンチェン・ラマは「反動的封建領主」なるレッテルが張られ、二年後には裁判も行なわれないまま「人民の敵」として処罰された。チベットの最高指導者の一人パンチェン・ラマはその後一四年間、初め軟禁状態に置かれ、ついで強制労働に就かされた。一九七七年十月に解放されたのち復権したが、チベットへの帰国、しかもわずか数日間の帰国が許されるようになるのは、ようやく一九八二年のことであった。一九八七年に北京で開かれたチベット自治区政治局の集会で、パンチェン・ラマは、中国当局によるチベット管理を鋭く非難した。一九八九年一月にチベット帰国後、シガツェのタシルンポ僧院で五〇年の生涯を閉じるが、その死を巡る状況にはいまだに謎が残る。

しかしながら、十九世紀から二十世紀にかけての「グレート・ゲーム」とは異なり、現代の領土争奪は、国際社会の目の前で公然と展開する。その国際社会を象徴するのは、全加盟国によって承認された司法基準を遵守させることを目的とするはずの機構、国際連合である。一九六〇年代、国連には国民党の台湾が創設メンバーとして加盟していたが、米国が共産党政権を公式に承認したあおりを受けて、一九七一年には北京政府にその席を譲り渡さなければならなかった。その結果、共産党政権中国は、ただちに安全保障理事会のメンバーとなり、他国に広めぬように五大国が大事に守る特権、拒否権を受け継いだ。

このような政治情勢の変化はしかしながら、歴史的事実になんら変化をもたらすものではないが、それをどう読み取るかによって解釈が異なる。大多数のチベット人にとっては明らかに、独立国家チベットが東の隣国によって武力侵略されたのである。中国政府は、何世紀にもわたって中国王朝が「保護し」てきた、中国に「帰属する」地方だと主張してやまない。その主張には、たとえば名誉称号の授与や王室間の結婚など、ときに内実のない主張も含まれる。これは、観点の問題である。たとえば、「保護」は、「帰属」を意味するものではなく、ましてや「隷属」や従属を意味するものではない。ある一つの国が婚姻関係や条約によって「保護」されていたとしても、その国は必ずしも独立を失ってはおらず、一時的に支配下に置かれた国は通常、独立を奪回する機会を虎視眈々と狙っている。チベットの場合はまして、一九五一年五月の「一七カ条協定」が強制と脅迫のもとで締結されたことから、ダライ・ラマがインド到着時、その無効を宣言している。

既成事実を受け入れようとする流れに反する、多様な事例がある。たとえば、第二次世界大戦直後のポーランドの領土再編成、ベルリンの壁崩壊後、社会体制選択の自由を取り戻したバルト海沿岸諸国と東ヨーロッパ諸国、ソ連崩壊後のアジアの旧ソ連圏諸国などである。より最近の例では、一時期、不可侵と目されていた境界線がいかにもろいものか、果てはいかに無益なものであるかを思いおこさせる、ユーゴスラビアのケースがある。人類史上、崩壊した帝国はほかにも数多くある。チベットにおける中国の存在が武力によって持ち込まれ、かつ維持されていることの正当性が問われているとき、チベットの運命がこれらの国のものとどこが違わなければならないというのだろうか。ダライ・ラマ十四世は、中国側責任者との交渉による解決を見出そうとする意志に基づき、可能な限りの譲歩を行ない、中華人民共和国の枠内におけるチベット領土全体の「真の自治」という解決策を受け入れる用意のあることを宣言したが、それでも、亡命地で、あるいはチベットにとどまって不満を募らせるチベット人たちを説得する仕事が残っている。妥協を知らない中国政府を前にして、誰も自国の基本権利、すなわち独立を拒むことはできないと主張するチベット人は少なくない。

二十世紀の産業の発展、とりわけ加速度的なテクノロジーの進歩は、チベットから主要な防御の切札の一つ、人を寄せ付けない地理的状況という切り札を奪い取る結果をもたらした。他の地域同様、チベットでもまず道路、ついで鉄道が建設され、山脈を越えて外の世界と結び付けられた。航空学領域における飛躍的発展が、技術によるこの侵略を完全なものにした。チベット人が増大する航空機の重要性に気づかずにいるうちに、航空機の利用、とくにその軍事的利用が差し迫った脅威となって現われた。チベット人はけっして、この技術発展を拒むものではないが、みずからの手で管理し、自分たちのリズムに合わせて取り入れることを望んでいる。

内陸アジア交易路の要衝にあって、幾世紀にもわたって雲上の別世界にいたチベットはいま、身動きがとれぬまま、みずからの意思に反して押し付けられる近代化に直面する。チベット領内で力ずくで推し進められている、中国化という名の植民地化は、チベット人、チベット文化、他者と分かつチベットの独自性の存続を脅かす。そこには、初めから勝負のついた戦いを見透かす者もいる。だが、仏教の法（ダルマ）は相互依存を根拠とするではないか。恒常的なものは何もない、変化を除いては。こうした観点から見れば、精神と物質は分離されえず、仮に周恩来が言うとおりに、「チベットを共産主義に転向させるには一世紀かかる」としても、チベットが中国を再び仏教に帰依させるためには、一〇〇年で充分かもしれない。

第三章　資源と所有欲と争点

I　夢想

大国の特権、それは惨事をテラスから眺められることである。

ジャン・ジロドゥー

「西側世界からの旅行者がいなかったならば、チベット神話は存在しなかったであろう。チベットは、地理的現実以上のものであり、精神の構築物である」とマイケル・テイラーは書いている[1]。正しくもあり、間違いでもある。地理学的事実、これについて長々と論ずる必要はない。それは、存在する。地殻運動は力強く、風景は見とれるほど美しく、誇り高く自由な人びとの喜びと苦労が展開している。まさにこの自由がおそらく、チベット神話を生み出し、ついでそれを造形した者たちを深くとりこにしたのであろう。そのあとで、現地の厳しい条件と格闘し、現実に直面して、感嘆がうっぷんに変わったり、あるいは笑顔の眉がつり上がったりするのは、各個人の問題である。

（1）巻末参考文献【8】。

だが、考えてみると、精神をうんぬんするこの見方は、用語の最も厳密な意味においては西側世界の専売特許とはいえない。基準となる地点にも左右されるのだから。日本人にとって、チベットは日本列島の西側に位置するではないか。また、中国人は、賢人の楽園を西方に置くではないか。さらには、インドの言い伝えによれば、シバ神は北方、チベット人にとっては光り輝く水晶の山であるカイラス山がそびえ立つ、聖なる高原の中央に住居を構える。夢想は、時代と夢追い人に応じて、思いがけない道をたどる。

世界中に、人びとが争いもなく、自分たちとも周囲の環境とも調和のとれた平和な生活を送る秘境を、いくぶんの郷愁をもって伝える、埋もれかけた伝説や集団記憶の数は多い。そのような里を見つけようとする者の多くは、山岳地帯に向かう。自然そのものが挑戦であるとき、障害を乗り越えれば、満足感はより大きい。ユーラシア大陸において、幾世紀にもわたって多くの神話を提供しつづけたヒマラヤ山脈ほど、人を惹き付ける挑戦がほかにあるだろうか。たとえ黄金境と思われていたものはどこでも、近づくにつれ、しだいにかげろうのごとく消え去ってしまうものだとしても。

おそらくは、むしろ文章によって、道なき道をいく個人的達成感を表現しえた者もいる。みずからの探し求めるものを目的地に見出したかどうかは別にして、非公式の特使、見せかけの、あるいは本物の宣教師、商人、徒歩旅行者、長距離旅行者、強情な巡礼者など、そうした文章に感化されてチベットへの道をたどる者もいた。チベットに向かう者たちは、途上の幸運も不運も、災難も役所仕事の汚い手口も、さらには積み重ねた経験も心おきなく分かち合った。移動手段の発達により、地球が著しく小さくなったいまとなっても、夢想が執拗に存続している事実に気づかされる。シャングリラは、こんにちの中国では「トレンディー」であり、中国以外の地域でも、チベットはいまだ流行遅れとなっていない。

滔々と連なるこの流れは、ある一つの特異性を証明している。それは、一九五〇年に中国の監督下に置かれるまで、チベット文化が他のどの文化よりもみごとに、精神世界、言葉を変えるならば霊的宇宙と日常生活の世界とのあいだ、そして数人の知識の探求、少数の人間のためのあくなき研究、および大衆の日常生活の運不運のあいだに稀有な親密性を保ちつづけてこられたという特異性である。沈黙に沈み、人を寄せ付けない広大な領土が、人の性格を形作り、チベット人の伝統に露出する神秘的熱情を鍛えあげた。より遠方へと伝えられ、時代から時代へと吟遊詩人によって語り継がれる、たとえばリン・ケサル王伝のような叙事詩は、賢者、苦行者、権力者、向こう見ずな戦士、高潔な王侯が登場し、預言の記憶を新たにする。そこに描写されているのは、公知の史実の経緯を明らかにするために読み解かれるべき出来事であり、あらゆるジャンルの芸術家のイマジネーションを刺激する。いつの世も、絶対的な禁止はもちろん、相対的な禁止も冒険家や探検家のイマジネーション、旅に出たくてうずうずしている者の好奇心を焚きつけ、使命感を燃えあがらせるものである。

事実、中世においてすでに、遠く離れた地に惹き付けられる思いが、西から東への道を切り開いた。その道には発見、交易、冒険、さらには略奪やキリスト教布教など、さまざまな意図が埋め込まれており、旅路につく者一人ひとりが自分の道を選んだ。往時の先駆者から探検家を経てこんにちの観光客にいたるまで、宣教師としてはイタリアやスペイン、ポルトガルの、探検家としてはロシア、さらにはインド・英国色の濃いアングロ・サクソンの、多少なりともスパイがかったごく少数の僧侶としては日本の、そして情熱に燃え、妥協を知らない数人の学者としてはフランスの色合いを帯びた鎖が連綿と編みあげられているが、ヒマラヤの頂上に挑んだ前世紀の勇敢な者たちも忘れてはならない。こうした雑多な一群が、こんにちの旅行者がたどる、より容易な道を切り開いたのである。

二十世紀後半は、最優先課題に大きな変化をもたらした。チベットが突然、外の世界から切り離され、脱出者が流出しつづけるにつれ、別の課題が現われたのである。連帯という課題が。「チベット・マニア」と形容する者もいるトレンドが芽吹くのは、まだのちのことである。高原から蒸し暑く、埃っぽい低地へと亡命し、危険で見知らぬ路上に投げ出された困窮者をまず支援し、助け出さなければならない。たしかに、インド政府は避難所を提供するが、突然台無しにされた生活を再構築するための資金は、ごく少額しか提供されない。外見はみじめだが、内実は思いのほか充実しているチベット人共同体に対しては、そのあとで関心が寄せられるはずである。

発見（双方向）の魅力は、チベット研究の土台を作り、その後徐々に、政治要素がしばしば背景に追いやられるきらいはあるが、悲劇によって幅広く、多方面から光をあてようとする見方が定着していった。チベット問題は、心に引っかかる問題である。なぜなら、現在進行中の植民地化の問題、隠しきれない民族大虐殺の問題、あるいは計画された「文化抹殺」の問題なのだから。だが、政治的行動は抑え気味にし、精神面が強調される。これは、硬骨の士ダライ・ラマ十四世の個性にも由来する。ダライ・ラマは、長年の運動を通してチベット人民の大義の象徴となり、訪れる際には敬意をもって歓迎され、傾聴される（とくに一九八九年のノーベル平和賞受賞後）が、それでも中国側の感受性を刺激しないために、公式にはいつでも歓待は控えめとなり、訪問には宗教的あるいは科学的な名目が与えられる。

チベット研究センターやチベット仏教教育センターが各地の大学内に設立される一方、インドでは仏教発祥の旧跡や、古来の知識を守り伝える場となった世俗共同体の内部に僧院が復興されつつある。臆病な世界の政治指導者に代わり、少数ではあるが、事情により通じた知識人、反体制運動家、あるいは芸術界のスターたちが、それが流行となる前に、予期せぬ場で論議を呼びかけた。人道支援団体や文化支援団体は、難民に手を差し伸べ、ついで現地での活動をおずおずと開始するとともに、亡命地で政治的支援を展開する組織を立ち上げ、世界中の非政府組織は、ネットワークを構築した。だが、今後はどうなるのだろうか。

根本的に異なる二つの歴史観のあいだで、ダライ・ラマの毅然とした非暴力アプローチと、現中国指導層のかたくななまでに力に訴えるスタンスとのあいだで、民族の融和を説く一方と物質的利益を唱える他方とのあいだで、問題は投げかけられたままであり、出口は不確かで、回答が待たれている。いずれにしても、チベットを奪い取るように毛沢東政権を仕向けたのはおそらく、夢想ではあるまい。西側の世界がチベットに対して抱いた夢想ではもちろんなく、普遍的な夢想でもない。そうではなく、ある意味、先手を打って経済的未来を確保しようとしたのだろう。過去半世紀間に現地で発生した事件で、それを証明する例は多数ある。要は、粉飾された表面の向こうを見据え、解放や文明化、さらには近代化を唱える中国側の主張に透けて見える文脈を読み取ろうとするかどうかである。

II　アジアの水がめ

多少なりとも注意を払って地図を眺めるとすぐに、アジア大陸におけるチベット高原の意味と役割がわかる。南側から南西部にかけてのパミール高原、カラコルム、ヒマラヤ、北側の崑崙、アルティン、南山、そして東側にヒマラヤ山脈から分かれ出るニェンチェン・タンラ、アムネマチンの諸山脈がチベットの境界線をなして立ちはだかり、息をのむほど美しいその山並みからアジアの大河川が源流を発している。これらの大河川は、その流域に住み、そこから生活の糧の大半を享受しつつも、しばしば大災害をもたらす気まぐれの被害者となる数百万人の暮らしを全面的に左右する。

その重要性を計り知るためには、ランチェン・ツァンポ（サトレジ川）、センゲ・ツァンポ（インダス川）、マブチャ・ツァンポ（カルナリ川、トリスリ川およびスン・コシ川の二河川とともにガンジス川に注ぐ）、ヤル・ツァンポ（インドのブラフマプトラ川）、プンチュ（アルン川）、ギャルモ・クルチュ（サルウィン川）ザチュ（メコン川）、ディチュ（長江）、マチュ（黄河）と名前を列挙するだけでよい。ときとして、ここにチベット南東部のタロン川が加えられることもある。タロン川は、流れ下り、ミャンマー国内でイラワジ川に合流する。要するに、インドや中国ばかりか、バングラデシュ、ミャンマー、ブータン、ネパール、カンボジア、パキスタン、ラオス、タイ、ベトナムまでもが直接かかわっているのである。これはつまり、世界の人口の四七パーセントと関連していることを意味する。

チベットには多数の高地湖が点在しており、淡水湖もあれば、少数だが塩湖もある。これは、その大隆起がヒマラヤ山脈を形成したとされる、太古テテュス海の名残である。カイラス山近くのマナサロワル湖とラカス・タル湖から、ヤムドク（トルコ石の湖）、ナムツォ（天上の湖）、ラモ・ラツォ（幻影の湖、ダライ・ラマおよびパンチェン・ラマとりわけ関連が深い）、パソン・ツォ（リン・ケサル王伝ゆかりの湖）、双子の湖キャリンとンゴリン、そしてココノール（青海湖）にいたるまでのすべての湖は、神々が住居を定めたために、チベット人にとっては神聖である。現地住民はそのため、水が冷たく澄みきってはいるが、霊験あらたかなこれらの湖での漁を慎んでいる。

見る者を圧倒する氷河がこうした風景を完結させているが、その氷河は、途方もない規模の貯水槽でもある。つまり、きわめて豊かな水資源があるのだが、これまでわずかしか利用されてこなかった。ダムを建設したくてうずうずしている者たちや、中国本土の乾燥砂漠地帯の肥沃化を目指す灌漑専門家たちを夢見させるのも、うなずける。地殻運動によってできた断層がいくつもあるために、地震活動は繰り返し発生し、比較的頻繁に大地震が起きる。大地震は、チベットの運命に関する深刻な出来事の前触れと解釈される場合が多い。

たとえば、一九五〇年八月中旬に発生して壊滅的な被害をもたらした地震は、人びとの記憶に刻まれている。マグニチュード八を超えるその地震で、中国との国境に近いチベット東部では数十の部落が土砂にのみ込まれ、硫黄の臭気漂う空は赤く染まり、峡谷や山はずれ動き、ヤル・ツァンポは川筋を変えた。正確な被害者数は、明らかになっていない。揺れは、ラサやカルコタ（カルカッタ）でも感じられ、そのときチャムドの電信基地にいたロバート・フォード[1]は、「並みの地震ではなかった。この世の終わりかと思われた」と記している。後日、ボストン気象観測所の研究者は、こう述べた。「人類は、前例のない惨事を免れた」。だが、チベット人は……。

（1）巻末参考文献【9】。

間欠泉と温泉は、先祖の代から薬効を知っている、数限られた地元住民によって利用されている。また、そうした地方の住民数がきわめて少ないことから、動物や植物も平穏に生を謳歌し、なかには人がめったに足を踏み入れないそのような地方の固有種もある。貴重な生息動物種だけでも、野生のヤク（トロン）、ジャコウジカ、アルガリ（野生ヒツジ）、バーラル（ブルーシープ）、ジャイアントパンダ、レッサーパンダ、キャン（野ロバ）、ユキヒョウなどの例が挙げられる。その一方で、オグロヅルは悠々と空を舞い、ライチョウ近縁種のジュケイやユキシャコがにぎやかに餌をついばみ、キガシラウミワシやイヌワシ、ベニキジ、オグロシギなども生息する。

全般的に仏教の教理に忠実なチベット人は、狩猟をほとんど行なわない。チベット人が放牧の民であり、大自然のなかに置き去りにされたかのような寒村の住人であり、また城塞僧院の僧侶でもあって、近年まで工業化の弊害を免れてきた自然環境と調和のとれた生活を送ってきたという評判はおそらく、ここに由来しているのであろう。ちなみに、このような評判は、バルチスタンやギルギット（現在はパキスタン領）、ラダック、ザンスカール、ラホール、スピティ、キナウル、シッキム、アルナーチャル・プラデーシュ（いずれもインド）からブータンおよびネパール北部までのヒマラヤ山地のほぼ全域に共通するものであり、チベット文化の影響範囲を傍証している。また、ここにシャングリラ神話の源泉を見る者もいる。

専門家のなかには、およそ二五〇万平方キロメートルの面積を占めるチベット地方を、北極と南極に次ぐ、地球の「第三の極」と言ってはばからない者もいる。これは、一種の注意喚起、あるいは警告でもある。バランスのとれているように思われるこの外見も、実際はきわめてデリケートであり、「第三の極」では好き放題にしてよいわけではない。すでに不安をかきたてる予兆が数多く現われ、中国内外の研究者は警報を鳴らす。過去二〇年間のチベットにおける人間活動は、連鎖的に波及する影響が見極められないまま、急速な変化をもたらしているのである。気候温暖化の恐れがあり、地球全体に対するその危険性が国際的議論の的となっているこんにち、チベット問題もまた当然、そうした枠組みのなかで語られる傾向にある。二〇〇八年のオリンピック大会開催に際し、チョモランマ（エベレスト）頂上を聖火リレーコースに組み込み、その「偉業」達成を容易にするために、ベースキャンプまで自動車専用道路を建設しようとする中国当局の決定発表が呼び起した論争は、それを雄弁に物語っている。

いまのところ、水を巡る争いは始まってはいるものの、まだ大きな波風を立てるまでにはいたっていない。ときおり、「末世へのいざない」「論争の水門を開放」「水びたしになるバングラデシュ」など、いくぶん挑発的な見出しが紙面を飾る程度である。こうした見出しは、中国やインドばかりではなく、バングラデシュや当然チベットにもかかわる、水資源の一大利用プロジェクトを前にして高まりつつある気がかりの表われである。一〇年ほど前から、科学者や建設技師などの専門家の内輪の意見交換の場で、この種の懸念が語られているが、めったに公にされることはない。それもそのはず、たとえば巨大鉄道建設工事の全容が明らかになったのは、当局が手当たりしだいに大々的な宣伝を展開し、二〇〇六年七月に喧噪のなかでラサ駅に最初の列車が入ったあとのことであった。しかも、将来の影響は予測されていない。

もう一つの巨大プロジェクト、三峡ダムの建設もときおり、反響や異議の申し立てを誘発するが、ここでも将来の影響が予測されていない。この二つの事例は、灌漑のために自然を自由に操ろうと企てたために、ソ連当局がシベリアで道を間違えた事例を思い起こさせる。アラル海はそのために死に瀕し、バイカル湖はどうにかその運命を免れた。アジアのステップ地方の輝く未来を歌う人類の自然征服は、その道筋で、人間の前進に用心深くなった動物をせん滅した。

三峡ダムの二倍の能力を有する超大型ダム（四〇〇〇万キロワット時）の建設計画も、この延長線上にある。工事の着手は、三峡巨大ダム稼働後の二〇一〇年が予定されており、インド、バングラデシュ、ミャンマーへの電力輸出を目的とする。このダム施設は、長江の河流を変更し、雲南省の省都昆明などに電力を供給するための巨大プロジェクトの一環として、そこを流れる河川ディチュの第一大湾曲部「虎跳峡」と呼ばれる場所に建設される予定である。高さが二七六メートルにもなるダム壁体を建設するために、一〇万人ほどの住民の立ち退きが必要となり、ダムの年間能力は八八三億キロワット時になるという。

計画の壮大さには驚かされるが、その詳細を知ると不安にもなる。中国人技師たちは、ヒマラヤの山を貫通して湾曲部の始点と終点を直接つなぐトンネルの開削などのために、核エネルギーを利用した爆発物の利用を検討している。このトンネルの開削により、川を一五キロメートルほど短縮できると同時に、その流量の一部をくみ上げて青海省内の北西方面やゴビ砂漠、および甘粛省に流し込み、農業生産の増大も視野に入れている。地球力学が特殊で、地滑りが多発し、地震もよく起きるこの地方では、人間が少しでも軽率に自然を改変すると、もともと不安定なバランスが崩れる危険性がある。環境保護キャンペーンを口実として、中国人チームが二〇〇七年五月、現地に派遣され、チベットにおける河川水資源に関する情報と統計が収集された。

矛盾するうわさやニュースが中国側から発信されるため、インドでもバングラデシュでも警戒心が解けない。当局の意図を示す多くの徴候が合致するというのに、中国側の責任者は日によって、否定したり追認したりする。たとえば、二〇〇六年八月、黄河水利委員会の李国英主任は、建設予定のダムから引水することを認めた。ところが二カ月後、中国水利部の汪恕誠部長は、実現可能性のある水利措置と比較して、工事費用が巨額に上ると主張し（四〇〇億ドルが見積もられている）、河流変更計画を「無益で、実現不可能で、非科学的」だと切って捨てた。汪部長はしかしながら、「部長の資格においては、このプロジェクトの長期的な実現可能性に関してはノーコメント」と付け加えた。数日後に質問を受けた、外交部の広報官は、「中国は、チベットの河川にダムを建設することも、その流れを変えて黄河に引水することも予定していない」と答えるにとどめ、この件に関して他の情報は持っていないと強調した。

とはいえ、『チベットの水、中国を救う』と題する著作が出まわったのは、事実である。李伶を著者とし、水理学者、郭開のアイデアに着想を得たこの本は、ブラフマプトラ川の水を吸い上げ、黄河に引水することを提案している。二〇〇七年十二月末時点の最新ニュースでは、雲南省政府は、異論の多いダム建設地点を二〇〇キロメートル北にずらし、デチェン（観光客集客のために、二十一世紀初頭にシャングリラと改名）地区に建設することを検討しているとのことである。

戦略的にも意味を持つこのような要所に、これほどの規模のダムが建設されれば、インドもバングラデシュも乾期に水を調達し、雨期（六月から十二月）に周期的に押し寄せる洪水を避けるために、中国政府の意のままにならざるをえない。中国にとって、隣国に政治経済的な圧力をかけるうえで、これ以上の武器があるだろうか。そのうえ、河川流に乗って流れ下っていた、養分に富む堆積物が貯水湖でせき止められることになり、下流地域に届かなくなってしまう。農業と国内交通網が基本的に、規則的な河川の水流に頼っていながら、現在でも定期的に天災に見舞われるバングラデシュでは、その長期的な脅威は計り知れない。人間への被害以外では、たとえばデルタ地帯にある最後のトラ保護区スンダーバンズはおそらく消滅するであろう。

このような潜在的脅威に直面するインドは、チベット人が蚊帳の外に置かれ、北京での政策決定過程に加われないばかりか、中国人公務員も的を絞った質問に答えようともせずにボールを投げ返すばかりで、対話相手がおらず、無防備な状態に陥っているように感じている。二〇〇〇年夏には、チベット高原からヒマーチャル・プラデーシュ州およびアルナーチャル・プラデーシュ州に洪水が突然襲い下り、大きな被害をもたらしたが、インド政府はその正確な原因に関する説明を待ちつづけた。高地にある、インド国内のこの二つの州には、モンスーンによる雨が降らないため、洪水の理由が見当たらないのである。二〇〇六年になってようやく、中国当局は、増大するエネルギー需要に応えるために、サトレジ川にダムを建設したことを認めた。メコン川の中国側で、大小さまざまなダムが出現しているにもかかわらず、中国政府が対インドと同類の姿勢に終始するため、このように既成事実を積み重ねる戦略は、ラオス、カンボジア、タイ、ベトナムの懐疑心もかきたてている。これはつまり、無秩序きわまる工業化と無計画な水資源利用の末に、国内河川の未曾有の汚染を招いたあとで、水とエネルギーに飢えた中国は、隣国ばかりではなく、広くアジア大陸全体の生態系のバランスを危険にさらすこともためらわないことを意味している。

アジア大陸ではまだ、水資源の利用を巡る争いは、公式には宣戦布告されていない。しかしながら、農業の生産性向上を目指し、産業発展を求めるアジア二大国のあいだで、水面下の競争がすでに繰り広げられていることから、「水戦争」の勃発は日に日に現実味を増している。農業生産性の向上と産業の発展は他方で、森林の開発と農地の都市開発をともない、伝統的環境が急激に悪化する農村地帯を犠牲にして、人口が増加する都市社会の膨張に一役買う。

大西部へのゴールドラッシュの影響はもうすでに、明白となっている。強制された急激な社会変動の一端を垣間見ようとすれば、自由チベットの旧首都で、中国内の一自治区の主都となったラサの例を挙げるだけで済む。こんにち、空漠の地に立つポタラ宮などを想像してラサに到着する者は、目を疑うだろう。その昔、紫禁城と見なされてきたラサは、急造成され、何の魅力もないフランスの片田舎の町と見まがうばかりである。安普請の近代化の金ぴかの飾りの下に、チベット精神がいまだ感じ取られるとはいえ、チベットの心がどうにか生きながらえている、昔ながらの地区は、市中心部のジョカン寺周辺に残されるのみであり、それもしだいに面積が狭められつつある。

一九八〇年代の前半、中国軍の兵士や治安関係者を除き、ラサにはおよそ五万人が住んでおり、その大半はチベット人であった。二〇〇七年、季節労働者や軍・治安関係者を除く、ラサの公式人口は四〇万人ほどである。観光客数は年間四〇〇万人強に上り、その九五パーセントを中国人が占める。物乞いの姿が一九九〇年代のなかばから見かけられるようになり、ついでカラオケ店やゲームセンターが現われ、美容院やマッサージサロンの看板を掲げたラブホテルも出現した。

高地（標高三六〇〇メートル）にもかかわらず、天空の清澄さは薄れていき、スモッグに似た靄のかかる回数も増えてきた。チベット人はたしかに、道路がアスファルトやコンクリートで舗装されてしまっても、どうにか伝統の巡礼路を見失わないでいるとはいえ、ブルドーザーでまっすぐに切り開かれた広い通りを、近年輸入された車が走る市内の交通は、混乱をきわめるようになった。新興地区では、ネオンサインの洪水が夜更けまで点滅する一方で、星のまたたくヒマラヤの夜は、遠ざかった。まるで、地方の夜を見守るとでもいうかのように。兵舎や警察署からの監視の目が光る町の日々の喧噪も、祈禱やマントラの声をかき消せずにいるが、それと同様、手当たりしだいの無秩序な商業化も、僧院に対する人びとの熱意を鎮めることができずにいる。ラサでは、外観は急速な変容を遂げているが、硬い中核はまだ浸食されずにいる。あと何年、耐えられるのだろうか。

誰の目にも明らかな変容はしかし、ラサ以外では違う話を物語っている。急激な近代化に突然襲われたチベット高原は、攻撃をかわせずにいる。多方面にわたる人間の活動は、チベットの静謐や空想家の夢を脅かすが、もっと重要なのは、チベットの基盤をも脅かしていることである。専門家チームが集めた観測データによれば、チベットの氷河は三〇年間で面積を一七パーセント減らし、黄河源流のあるンゴリン湖・キャリン湖地区に限っていえば、年間七パーセントのペースで氷河が後退しつつあると、中国科学院の劉時銀教授は言う。不安を誘うこの現象の原因はおそらく、気候温暖化にあるのだろうが、中国政府の言う「開発」も、この環境変化に拍車をかけている。こうして始まった悪循環の流れは、中国がチベットへの進出度を高めるにしたがって加速される。

道路建設は、永久凍土の溶解に一役買い、ラサ・北京間の鉄道開通がこの流れを加速させる。周辺地区の放牧民は、一九八〇年代の西部開拓ラッシュ以降の二〇年間、冬に湖が凍らなくなり、それと同時に干ばつも頻繁に発生するようになったと言う。憂慮すべきこうした徴候を突き付けられた中国政府は、その原因を、過剰放牧のせい、つまり夏季に家畜を放牧するために、伝統的に広大な草原を利用する牧畜農家のせいだという専断を下した。そしてすぐに、手際良い遊牧民定住化政策の推進が決定された。頑固者がいたとしても、屋根の下で寝るのを拒む者がいたとしても、意に介さない。選択の余地は与えない。定住化政策はついで、さまざまな口実のもと、とりわけ農民の生活改善を口実として、チベット全土に広げられた。従前の暮らし方を破壊することにより、チベット人の顕著な文化的特徴をこっそりとかき消そうというわけである。チベット文化はこうして、「民俗芸能化」されつつある。アムド地方、こんにちの青海省では、二〇〇七年に強制的に六万人以上の遊牧民に「住居が与えられ」、さらに四万人があとに続く予定である。各家族は、年間八〇〇〇元（約一〇〇〇ドル）の「補償金」を受け取ることになっている。集会に関する新規則の発効とともに、これでチベット人の監視がより容易になる。

遊牧民の指摘や専門家の結論を待つまでもなく、かつては過酷な気候と人を寄せ付けない烈風で知られた有雪国の高原では年々、気温が上昇しつつある。氷河同様、湖も縮小し、川は涸れ、土地は干上がって、砂漠化の恐れがある。複雑であると同時にもろいこの生態系はこんにち、チベット人のためを思う真心の贈り物だと中国が主張する、標準化された中国版「幸福」の強制によって直接、脅威にさらされている。

チベット人は、その代価を払わなければならない。近代化と外の世界への門戸開放という錦の御旗のもとでの、歯止めのない植民地化という代価を。その結果、歯車のなかに組み込まれ、歯車にかみ砕かれる現地住民は、混乱した生活のリズムに合わせようとするせいで、足元を見失い、思いどおりの暮らしを営むことができない。それでも、チベット自治区商務庁を率いる譚云高に言わせれば、「鉄道開通のおかげで、チベットは外の世界に対する前哨基地となれた」。

だが、入念に計画されたこうした略奪で、実際に利益を享受するのは誰なのだろう。

Ⅲ　西方の宝の家

外国の投資家が、まるでロドリーグを見つめるシメーヌ〔いずれもコルネイユ作『ル・シッド』の登場人物〕のように、うっとりと中国を見つめる一方、チベットの経済成長は、多くの中国人の目を物欲でギラギラ光らせる。中国の中央政府は、それに無関係ではなく、利得を注意深く監視する。それもそのはずで、過去五年間の年間成長率は、公式統計では一二パーセント強といううらやましい数字を示している。その数字に夢を託す、中国国内の最貧層や向こう見ずな人たち、失うものが何もない人たちは、人口が減少の一途をたどる田舎を離れ、大都市の浮浪者の列に加わる。中国流西部開拓物語が物欲を刺激するとともに、当局の奨励もあって、鄧小平お得意のスローガン「先富起来（豊かになれる者から先に豊かになれ）」を実現しようとする競争が起こった。

安食堂から美容院まで、もぐりの露店から兵士用の売春宿まで、街頭での通貨闇取引から国境越えの密貿易まで、マッサージサロンからゲームセンターまで、怪しげな自動車修理工場から修繕だらけの人力車まで、屋台店から熱帯フルーツ・バスケットまで、チベット自治区に向かう入植者にはすべて許されている。チベットは、ある者にとっては中国の奇跡に取り残された者のための安物のエルドラドであり、他の者にとっては鉱山の無許可開発、砂漠のなかのゴルフ場造成、未開の地に雨後の筍のように芽を出す巨大都市計画プロジェクトなどを意味する。すべてが許されている。ただし、政治や批判、あるいはさまざまな不都合な問題に首を突っ込もうとしない限りは。一般のチベット人にとり、外国人と言葉を交わすことは、刑務所送りとなる可能性を示唆し、禁じられた写真を独居房に保管しているだけで、チベット僧は国家の安全保障を脅かした罪に問われうる。

いずれにしても、中国人は内輪以外の者に対しては、あまり愛想がよくないと言いたい気分に襲われる。

とくに「少数民族」に対しては。中国の歴代王朝は、まるで臣下を遇するように、少数民族を見下してきた。威信の問題である。ラサで能力を発揮すべく、生まれ故郷の湖南省からチベット発展改革委員会の副主任として赴任してきており、ネクタイ姿のもったいぶった物腰で、だが平然と英国メディアの特派員[1]に次のように言ってのけた役人が、それを証明する。「政府は、諸民族の慣習を完璧に尊重しています。チベット文化は、中国の諸文化のうちのエキゾチックな花で、二〇〇〇年以上前から存在していますです。ですが、私たちは、時代おくれの悪習に別れを告げられるよう、そしてより文明化された生活を送れるよう、チベット人を支援するつもりです」。鉄道沿いの「社会主義村」に遊牧民を集めて定住させる政策を正当化するために、声明がよく出される。そこでは、幸福を祈る心を周囲に発信する、青・白・赤・緑・黄色の伝統的な風の馬［ルンタ］ではなく、赤旗を家の平たい屋根に掲揚することが義務づけられている。今後五年間、農村部に暮らすチベット人の四分の三に相当する人たちを待ち受けているのは、こうした運命なのだ。定住化計画の一番の関係者、チベット人に許されている権利は、ただ一つ、黙って服従する権利のみである。

（1）チャンネル4ニューズ、二〇〇七年八月三〇日。

中国で、チベットはいまやトレンドである。休暇を過ごそうとする、中国本土低地からの観光客は、鉄道や観光地のホテル建設業者にとって、福をもたらす存在である。歴史を感じさせる町はもちろん、人里離れた場所にも、風情ある風景を求める旅行者が押し寄せ、ときには仕事に精を出す「原住民」が風景に花を添える。しかし、中国の政権担当者の目に、辺境のこの領土が魅力的に映るのは、想定外の観光資源のせいだけではない。スペイン人によって征服されたメキシコ、大英帝国がインド政庁を介して支配したミャンマー、フランスが高級官僚を派遣して統治したインドシナ半島など、かつて植民地だった他の国同様、チベットで道路、ついで鉄道が建設されたのはけっして、見知らぬ地に惹き付けられる、国民の好奇心を満足させることのみを目的とするものではなかった。

チベットを中国に結び付けることを狙った初期の道路は、まず軍事目的でルートが決められ、建設された。侵略地入植者を遠隔地に送り込むことを容易にするためである。兵士が安価な労働力として提供され、体制に抵抗する者や、「労働による再教育」収容所に送られたその他の「人民の敵」も、植民地となったチベットの各所で強制的に労働に就かされた。これは、中国政府にとって一石二鳥であった。チベットに人を送り込むことで、中国大都市部の人口集中を和らげることができたうえに、無尽の資源を掌握するための地ならしができたからである。

よく誤解されるが、チベットは豊かである。資源がほとんど活用されてこなかっただけの話である。チベット人には、資源開発よりも気になることがあり、物質的な満足感とは別の満足感を好んだ。過酷な環境条件もあり、地下に眠る鉱物資源は、奉献物となって僧院に宝物として積まれ、伝説を生んでは空想の物語を紡ぎ出す。だが、こんにちの北京の指導者たちは、そのような絵空事には関心を示さない。征服したチベットの地に多数の専門家チームを派遣し、一カ所ずつ、貴重な埋蔵資源の分布図を作成させた。財源を充分に蓄えたこともあり、このようにして確認した資源はいま、開発可能となった。

動員された一〇〇〇人ほどの地質学者は、チベット高原を踏査し、天然ガスと原油以外にも、石炭、ウラン（四〇〇〇万トン）、亜鉛（同じく四〇〇〇万トン）、鉄（一〇億トン以上）など、六〇〇〇もの鉱床をリストアップした目録を作成した。その資源総額は、一二八〇億ドルと見積もられる。急速な工業化による経済成長を支えるため、喉から手の出るほどエネルギー資源と原材料がほしい政権担当者の目をくらますには充分である。長江の事例で見られるような、河川を汚染させる恐れなど、気にもとめない。なにせ、新華社が二〇〇七年九月の短信で伝えているように、鉱床を発見した地質学者たちは踏査中、標高四二〇〇メートルを超えるチベットのボミ地方で、未知の氷河も四〇カ所で確認したというのだから。天然水資源が予測よりも早く枯渇すると科学者たちが警告を発しているときに、これはまた時宜を得た発見である。

資源の大採掘プロジェクトはしかしながら、現地では必ずしも歓迎されているとは限らず、受け入れられているとも限らない。草地がヒ素や水銀で汚染されるため、家畜の餌探しで大混乱を強いられることに、奥地の遊牧民は不満を募らせるが、入植者が聖地を汚したりした場合には、抗議が衝突に発展することもある。二〇〇七年のケースがこれに当てはまる。二〇〇七年、カンゼ地方のヤラ山で開始された採掘は、周辺チベット住民の激しい抗議のために、停止せざるをえなくなったのである。カンゼとダルツェンドを結ぶ幹線道路の封鎖とハンガーストライキで始まった騒ぎは、激しい衝突に発展し、公用車が焼かれ、石が投げられ、現地当局を後退させた。現地当局は、参加者を逮捕し、中央政府への異議申し立てに固執すれば、これ以上ないほどの厄介な目を見るぞと脅したが、役に立たなかった。さらに、チベットに投資する外国企業（とくにカナダと米国の企業）は、チベットを支援する欧米の団体から定期的に批判を受ける。このような支援グループは、説明を求めることをためらわず、ときには主張をのませることもある。

とはいえ、資源が手の届くところにあり、海を越え、遠く離れた大陸に出かける必要がないため、中国政府の経済担当責任者は、簡単には降参しない。なにせ、「チベットは中国に帰属している」のだから。しかしながら、こうした緊急切実な資源調達は、チベット高原に自然保護区域を設定することによって環境を保護していると主張する、他の中国人責任者の言と矛盾する。だが、後者の主張は、繊細な生態系の保全を求める、諸団体からの非難の矛先を収めようとするものにすぎず、あるいは、危険性に気づいた中国人研究者たちの指摘を鎮めるためのものである。幾世紀にもわたる試練の末にたどり着いた生態系のバランスは、過度に介入すると崩壊する恐れがある。

二〇〇六年の鉄道開通は、観光を後押しするものとして、政府によっておおいに評価された。事実、二〇〇七年の一月から九月までの九ヵ月間で、三〇〇万人以上の観光客がチベット自治区を訪れた。しかし、観光宣伝活動で上手に装飾が施されたこの表面も、重要性ははるかに高いが、人目に触れさせたくない裏面を隠しきれない。鉄道開通後、鉱業が自治区の基幹産業の一つとなったのである。これにはもちろん、環境汚染や廃棄物の問題が付随し、人間や動物や環境への害もついてまわる。

政府の意図を表わすものとして、標高四五〇〇メートル、寒風吹きすさぶ乾燥地帯に位置するナクチュ駅の近くに、チベット最大の物流センター（五五三ヘクタール）が二〇〇七年九月に着工された。二〇〇九年初めに完成したあかつきには、鉱石、牧草、建築資材など、何百万トンという貨物を加工・区分・輸送することが予定されている。こうした図式は、植民地主義によく見られ、地球上のあちらこちらですでに実施済みであり、中国自身も「外国の帝国主義国家」によって体験済みである。

ゴルム（ゴルムド）の例[1]は、チベット人にとってあまり安心できない展開を示唆する。六〇年ほど前、ゴルムは、地図上ではほんの小さな点にすぎず、現実的には遊牧民の家族が通りかかる交差点であると同時に、街道上、というよりは踏みわけ道上にある地味な宿泊地でもあった。ラサ行を心に固く決め、広漠の大地を横断しようとするまれな旅人が、そこのみすぼらしい宿に泊まった。数人のチベット人が、すべてから隔離されて暮らしていた。中国人は一九五四年以降、入植者にとって標高三六〇〇メートルのラサよりも我慢しやすい二八〇〇メートルのこの地に、町を建設しはじめた。いまではチベット自治区第三の町であり、人口の九五パーセントは移入中国人である。その昔、チベット人の小さな町で、わずかな数の中国人商人が共同体を構成して住んでいたシリン（青海省／アムド地方の主都で、中国名は西寧）と蘭州（甘粛省、標高一六〇〇メートル）の中国人人口は同時期、それぞれ九〇パーセントと九七パーセントになった。

（1）チベット人権民主センター報告書（巻末参考文献【10】）。

この図式は、ゴルムでことのほか明白である。ここの陰気な灰色の建物はすでに老朽化しており、通りは直線で、街灯はくたびれている。カリウムの産出と原油精製を容易にするために建設されたゴルムの町は、最近になってガルム・ラサ区間が開通するまで、鉄道の終着駅であった。チベット文化の香り漂っていた空間は、半世紀のあいだに、工業都市化と引きも切らない移住者の大量流入によって中国化された。周辺には天然ガス、天然ソーダ、マグネシウム、リチウム、アンチモン、銅、ひすい、石英の鉱床がある。確認された原油埋蔵量は三〇〇〇万トンに上るとされており、天然ガスのそれは三〇〇億立方メートルである。河川も忘れてはならず、水資源は二億三八〇〇万立方メートルと見積もられている。それ以外に、太陽エネルギーと風力エネルギーもある。開発に力が入るのも当然である。開発立案者たちは、それを中国本土向けに有効活用するつもりでいる。

大型プロジェクトの責任者たちは、巨額に上るチベットへの投資額を喜んで公表するが、そこから得られる利益の話になると、急に口が重くなる。開発への気前のよい援助を装っているが、中国政権は結局のところ、投資をはるかに上まわる利益をあげている。まず、土地を違法に占拠することにより、あふれる自国の人口の一部を他国の領土に移住させることができる。ついで、人口が少ないうえに分散しているために自衛できないでいる民族をいいことに、その民族に事実上帰属する資源を開発できる。チベット人が自分たちで活用できれば、自分たちの未来の確保、あるいは少なくとも民族の存続を確保できるはずであった富を、チベット人の手から奪い取っている事実がある。この戦略は、善意を装い、それを声高に主張するため、より効果を上げている。

中国政府の対チベット政策がこのように、植民地主義型の論法に基づいていることがより鮮明になってきているのを見れば、自分たちの土地にもかかわらず、隅に追いやられているチベット人が中国政府の姿勢に不満を募らせ、フラストレーションをためるのも驚くにはあたらない。すっかりかきまわされてしまった伝統的な生き方ではもう、生計を立ててはいけないというのに、必要な資格を有していないことを建前に、新たな雇用市場から締めだされるチベット人は、開発路線のかたわらに押しやられ、傍観者でしかない。チベット人にとって、強制の開発路線は、社会からの疎外も招く。また、同胞びいきが中国人有利に作用するため、開発路線に確固とした足がかりを築いているチベット人は、ごく少数である。

ゴルム（ゴルムド）のケースが前例となりうるとしたら、チベット人は、この「モデル」がほかでも繰り返されるのではないかと恐れる。チベット高原に出現しはじめている「ニュータウン」についての予断は避けるとしても、ラサはすでに「中国化」されており、シガツェやナクチュ、あるいはヤンパチェンは、新たな移住者が必ず立ち寄るべき町となりつつある。鉄道路線がシガツェまで延長され、最終的にはネパールまで延長される計画は、これと似たような展望を提供する。スティーブン・D・マーシャルとスセッテ・ターメント・クックは一九九八年、チベットの環境に関する調査[1]のなかで次のように記している。「仮に鉄道がタングラ峠を越えてチベット自治区内に入るとしたら、合理的に考えて、それは一九五〇年の人民解放軍の（チベット）進入以降、最も重要な出来事となるはずである。中国流の開発と移民の大量流入は、いたるところに影響を及ぼし、かつてチベットの地であったツォロ（海南）、あるいはモンゴルの地であった内蒙古自治区でこんにち見られるような事態の発生が予想される」。

（1）巻末参考文献【11】。

二〇〇六年に最初の列車がラサに到着し、ごく近い将来になると発表された路線延長は、このような考察の正しさを証明する。中国政府は、南に駒を進めることにより、国境を接する隣国との交易関係を緊密にして、自国製品の販売先を確保することを狙っている。公式発表によれば、「民族間の接触を活発化する」ことが目的らしい。ネパールやミャンマーの政府は、路線延長が自国の利益にかなうと判断し、そこに何の悪意も見ずに満足を表明する一方、インド政府関係者のあいだでは、醒めた見方が広まっている。これにはおそらく、最大の亡命チベット人社会がインドに存在するという事実、さらには一九五九年以降、亡命者として受け入れられているダライ・ラマが長年かけてつちかった国際的評価が貢献しているに違いない。

アナリストや戦略家は、中国の提案を、インド領土に侵入してひそかに進められたヒマラヤ地帯の道路建設、一九六二年の短期間の軍事紛争、国境で反復される小事件、正当化しえない領土主張など、ここ数十年間に起きた出来事の光をあてて解読を試みる。そして、チベット併合によって突然国境が広がったいま、増強されるその軍事潜在能力を警戒する。インドの政治指導者たちは現在、多岐にわたる方面での交流を行ない、隣国中国との関係強化を目指すが、中国はいまでは近くなりすぎて、心底から安心できる状況ではなくなった。そのうえ、このような情況の奥には、温和を装ってはいるが激しい両国の勢力争い、経済競争が垣間見える。その結果、チベット問題に関するインド政府の姿勢が再び話題となって、過去の居心地の悪さがぶり返すとともに、現在の姿勢にも居心地の悪さが醸しだされる。インドにとって、この居心地の悪さを解消することがしだいにむずかしくなってきている。

Ⅳ インドのジレンマ

中国国家主席の初の訪印前夜（胡錦濤主席は二〇〇六年十一月にインドを訪問した）、中国大使の発言は、インドの外交官、公務員、評論家にとっては忘れようにも忘れられない波紋を投げかけた。「チベットが中国に帰属する」のだから、インド北部のアルナーチャル・プラデーシュ州も当然の権利として中国のものであると公言したのである。このアルナーチャル・プラデーシュ州には、国境線から数キロメートルインド側に入ったところにタワンの僧院があり、この村で一六八三年、ダライ・ラマ六世が生まれた。外交上のトラブルはかろうじて避けられたが、計算ずくのこの不手際は、冷や水を投じる効果があり、必ずしも歓迎一辺倒ではなかった国賓の訪印中、居心地の悪さが居残った。この出来事は、偶発的ではなく、むしろ昔から中印関係のパイプに入っているひび割れを再び表沙汰とした。いや、中国による一九五〇年のチベット併合以降、ひびの入った中印関係と言ったほうが当を得ている。

この出来事の表面下にある行き違いをよりよく理解するためには、歴史を少しばかりさかのぼる必要がある。この事件は、インドのジレンマを過不足なく表わしているからである。まず、一九〇四年のチベットへのヤングハズバンド軍派遣後、大英帝国が特使を送り、一九〇六年に清王朝の全権代表と北京で、ついで一九〇七年に帝政ロシアの代表団とサンクト・ペテルブルグで、チベットに関する二国間協定を締結したことが指摘されなければならない。いずれの協定でも、主要な関係者であるはずのチベット人の意向を確認せず、チベット人は、それを腹立たしく思った。これは、際立って植民地主義的な施政であり、その影響はこんにちまで及んでいる。

反目の苗は、一九一四年に英国インド政庁の特使、中華民国の特使、そしてダライ・ラマ十三世のあいだで行なわれたシムラ会議中に根を張った。この会議は当時、英国領インド帝国と北の隣国チベットのあいだの国境線を画定することを目的とする会議であった。ダライ・ラマ十三世は一九一三年、モンゴルとのあいだで締結したウルガ条約により、チベットの完全な独立を再度、厳かに宣言していたのだが、その一方で、チベットに対する自国の主権を認めさせようと躍起になっていた中国には、ウルガ条約は大きな痛手であった。係争の解決を求めて、英国支配下のインドは、チベットの厳密な地位の確定を行なおうとする調停の労を申し出ていたが、中国が合意への署名を拒否したために、会議は成果を上げられなかった。インド外務省長官ヘンリー・マクマホン卿はそのとき、英国の全権代表としてラサ政府代表のロンチェン（大臣）シャタ・ペルジョル・ドルジェと交渉し、二人は一九一四年七月、シムラ条約に署名した。シムラ条約では、マクマホン・ラインをインドとチベットの公式国境と定め、それまでチベットの一部だったタワン渓谷をインド帰属とした。シムラ条約は、英国政府とチベット政府にとっては執行すべき条約であったが、仮署名を取り消した中国にとっては執行力を持たない。一九一八年、英国領事の一人エリク・タイクマンは、リウォチェとチャムドで展開する衝突に終止符を打つために、バタンの中国軍総司令官劉賛廷とチベット軍の司令官カロン（大臣）でラマ（高僧）でもあるチャンバ・デンダのあいだに立って調停し、その結果、チベットと中国の暫定国境に平和がもたらされた。[1]

（1）国際法律家委員会報告書、（巻末参考文献【12】の一二四、一三一、一四〇頁）。

大英帝国の権益を継承したインドは、マクマホン・ラインを国境線とすることを見直さなかったが、中国によるチベット併合は情況を変えた。チベットが占領下に置かれた国であると認めようとしなかったため、インド政府は結果的に、チベットが独立国家であることを証明するシムラ条約を見捨てた。一方、中国政府は、この切り札をポケットにしまい、好きなときにいつでも取り出せるようにした。インド領内のこの辺境地帯は、一九五四年から北東辺境管区(NEFA)と呼ばれ、一九七二年にアルナーチャル・プラデーシュと改名されて「中央政府直轄地」(インド政府の管理下)となり、一九八七年には正規の州に格上げされた。その結果、閲覧可能な資料によれば、歴史・文化・宗教的な理由から、チベットのみが正当に主張できるはずのこの係争地の帰属を、インドのみならず中国も主張する権利を獲得したかに思われる。係争の発生源であるこの経緯は、ヒマラヤ地方の辺境地帯で展開する複雑な事態をよく示している。

一九五九年のラサにおける反中国の民衆蜂起後に、ダライ・ラマとチベット人避難民に「人道的理由」から亡命を許可しながらも、ダライ・ラマの政権機構を亡命政府と公式には認めようとしない姿勢も、インド政府の立場を複雑にする。当然、チベット人たちの立場も複雑になる。「世界最大の民主国家」を自認するインドは、歴史と呼ぶにはまだ生々しすぎる過去を見直そうとする、国内の知識人や政治評論家たちから、高く掲げる政治理念との齟齬を指摘されている。

防衛の専門家たちは、アジア二大国の関係の変遷に最も敏感な人たちである。この領域では、盲目的な信頼は存在せず、中国側からの圧力は、インド人にとってまったく初めてというわけでもない。

一九六〇年代以降の体験は忘れ去られておらず、時機にあたっての政権の優柔不断さもまだ記憶されている。防衛専門家のなかには、インド国益の観点から見て、自由国家チベットがインドにとってもチベット人民にとっても有益なのではなかろうかと自問する者もいる。国境がインド・チベット間の境界線からインド・中国間の境界線となって以来、この地帯、とくにパキスタンがカシミールの領有をインドと争う西側地帯は、世界で最も武装化された地帯の一つとなった。

多くの専門家の言によれば、一九四九年までは七五人のインド人警官がこの国境を守っていたが、現在では七〜八師団を常駐しており、インドに重い財政負担を強いている。研究者のなかには、ネルー首相が一九五四年、チベット問題ではなく、インド人に敏感な問題となって突き刺さっているカシミール問題がいつか議題にされるのではないかと恐れて、自国の国連安全保障理事会入りの道を閉ざしたと考える者もいる。ネルー首相はそのとき、中国共産党の偉大な指導者毛沢東が「自分の考えでは、チベットは中国の掌であり、ラダック、ネパール、シッキム、ブータン、北東辺境管区（現アルナーチャル・プラデーシュ州）は中国の五本の指である」と明言した、一九四九年の宣言に気づかぬふりをし、中華人民共和国に候補国となることを勧めたと言われる。名目上にすぎないかもしれないが、たしかにブータンとネパールの両国は、自国の独立を守り、中国は二〇〇三年にようやく、シッキムがインドの一部であることを認めた。しかし、チベットが支配下に置かれていることを考えれば、ラダックとアルナーチャル・

プラデーシュにも喜ばしくない贈り物が用意されていないとも限らない。

中国とパキスタンの緊密な協力関係も、中印関係を混乱させる一因となっている。たとえば、中国の協力を得て進められたパキスタンの核開発プログラムや、アラビア海に面したグワダル港の海軍基地開発は、中国の誠意ある説明にもかかわらず、インドの居心地の悪さを増強する。まして、中国が一貫して推進する南進政策は、ミャンマーの管轄下にある小さな諸島、ココ諸島に駐屯する中国軍の増強によって支援強化されているのである。その結果、インド政府関係者は、中国がパキスタン、ミャンマー、ネパールとともに構成する、このインド包囲戦略を憂慮する。

一方、ブータン王国はといえば、自国の独立維持に汲々としており、国連加盟国という事実によって保護されているとの感触は得ているものの、思いがけなく中国の侵入を受けた場合、経済・軍事面でもろさを有していることも自覚している。そうした情勢を背景として、ブータン国会は二〇〇六年六月、国境線の公式画定を目指す中国政府との交渉が遅々として進まぬことに警戒感を表明し、国境近くの北部地方の住民は、中国人の兵士や労働者が不法に侵入し、ブータン領内に道路を建設していると訴える。

こうした仮想の小戦争ゲームにおいては、中国海軍がカラチやコロンボに寄港すると、インドはモンゴルやベトナムに軍事訪問団を派遣する。経済競争に勝ち抜くためにも、また経済成長を支えるための資源を調達するためにも、インドは数年前から、この地域における中国の影響力を食い止めようとする新たな決意を固めたように思われる。インドでは、専門家たちは、一致して政治方針の転換を指摘する。ミャンマーで民主化運動に携わっていた亡命活動家や、その他の隣接独裁国家からの難民を暖かく迎え入れていた姿勢はもはや見られず、民主主義のための建設的な未来志向も捨て、全方位の国益防衛に軸足を置いた現実主義路線を採用したというのである。

チベット内の鉄道開業は、中国の軍事力増強につながり、インドの防衛力とのバランスを崩しかねないという危惧をさらに増大する。事態の進展がないまま、中国の侵入と戦った経験のあるチベット人抵抗運動家たちは、亡命地インドに到着した時点で現地部隊に編入していたが、そこに、インドで訓練を受け、東パキスタンがバングラデシュとなったパキスタン分裂時に重要な役割を果たしたチベット人ゲリラ兵が加わった。チベットから亡命してきた若者のなかには、国境警備軍、とくにインド・パキスタン境界線にあり、「世界で最も標高の高い」戦場、標高六〇〇〇メートルのシアチェン氷河近くの国境警備隊で兵役を務める者もいる。

このような純粋に戦略的な面以外の点に関していえば、仮にチベットが今後永続的に中国の植民地になるとすれば、インドの専門家たちは、長期的には南アジア全体への脅威をそこに認める。満洲、内蒙古、東トルキスタンで起こったことが世界の屋根でも繰り返されるのではないか、すなわち中国政府が中国法を強制するなか、急速な中国化が実現されるのではないかと恐れるのである。チベットの地位、およびインド国内の亡命チベット人社会の地位に関するインドの姿勢のあいまいさも、そこに由来する。インドの指導者たちは、民主主義のいわゆる基本理念を遵守していることを誇りにするが、その基本理念と、伝統的な生き方を許さない、変化の速い現代に対応する必要性とのあいだで引き裂かれ、身動きがとれずにいるのである。

そのため、ラジンデル・プリが二〇〇八年三月初め、『アウトルック・インディア』誌で次のように指摘しているのも時宜を得ていると言える。「中国とチベット人民のあいだの問題が理性的に解決されることを願うインドの希望は、中国の主権のもとでチベットの自治を受け入れるという、寛大すぎるとも言えるダライ・ラマの提案を中国が拒否したことにより、粉々になった。徹底的な調査の末、歴史的にも法律的にも、チベットは中国に武力で支配されている独立国家であると、ジュネーブのCIJ（国際法律家委員会）が結論づけているにもかかわらず、中国はその提案を受け入れるかわりに、チベットの地でチベット人を少数民族の立場に追いやるべく、漢民族を大量入植させてチベットの人口構成を変えようと必死になっている」。

第四章　危機に瀕する民族

I　チベットとダライ・ラマ、運命共同体

あきらめること、それは暴力に褒賞を与えることであり、許しえないことを許すことである。それは、行動するかわりに、腕組みをして動かないことである。

第十四世ダライ・ラマ

ダライ・ラマは公式には、「すべての願いをかなえる至宝」「白蓮の大賢者」「偉大な貴き勝利者」「卓越の師」「叡智の大海」など、詩的で、ときに仰々しいとも思える尊称を持っている。チベット人たち

は単純に、「クンドゥン」（存在）と呼ぶ。チベット人の目には、観音菩薩（サンスクリットでアヴァローキテーシュヴァラ）の姿で表わされる叡智と慈悲の徳目の化身であり、そのためチベットの保護者と見なされている。ダライ・ラマ自身は、自分のことを、チベットで信仰されているマハーヤーナ（大乗仏教）の改革派、ゲルク派に属す「一仏教僧」と呼ぶ。

事実上、チベット人の宗教的指導者であり、政治的リーダーでもあるダライ・ラマ十四世（法名テンジン・ギャムツォ）は、このような尊称の特性をすべて体現すると同時に、それ以上の特性さえも備える。瞑想と行動もまた、分かちがたいダライ・ラマ十四世の特性なのである。一面では、禁欲主義に深く根ざした慎みを湛え、他面では親しみやすく、暖かい笑顔を見せる。はじけるような笑顔を見せられると、どうしても「偶像」のイメージを作り上げようとする者も出現する。ラサで、西暦一九五六年に相当するチベット暦丙申の年初にくだされたネチュンの神託は、会席者を驚かせた。『すべての願いをかなえる至宝』の光は、西洋に輝くだろう」。ダライ・ラマ十四世の存在は、神託が実現したものと言えるのだろうか。いずれにしても、重要な情況や危機に際しては必ずすがられ、国の未来に関する予言を与える使命を担わされたこの国家神託は、一九五九年三月、ラサの反中国民衆蜂起が勢いを見せるなか、ダライ・ラマが亡命に旅立つうえで決定的な役割を果たした。

名誉博士号や一九八九年のノーベル平和賞など、ダライ・ラマ個人が受け取った褒賞は、一〇〇近くに上る。著名な大学から無名の大学まで、それぞれの方法でダライ・ラマを称賛しようとして称号を授与する。他方で、あらゆる手段でダライ・ラマの品位をおとしめ、信徒を切り崩そうと必死の者もいる。二〇〇六年、カナダはダライ・ラマを、一九八五年のラウル・ワレンバーグ、二〇〇一年のネルソン・マンデラに次ぐ、三人目の名誉市民としたが、このほかにもダライ・ラマに名誉市民の称号を与えたことを誇りとする町は、世界中にいくつかある。だが、政権の座にある指導者たちは、より慎重な姿勢を見せる。

とはいえ、例外が一つある。一九八九年の「ビロード革命」〔チェコスロバキアの民主化革命〕後、刑務所を出所したヴァーツラフ・ハヴェルは、大統領に就任するやいなや、ダライ・ラマをプラハ城に招待した。ハヴェル大統領は、ダライ・ラマを公式に歓迎した世界初の国家元首となった。ハヴェル大統領ののち、一国の政治指導者がダライ・ラマを公式に歓迎するのを見るためには、二〇〇七年まで待たなければならなかった。この年の九月、ドイツのメルケル首相がダライ・ラマをベルリンの首相官邸に招待し、その翌月には、カナダのハーパー首相がダライ・ラマを公式招待した。

その数日前、ワシントンの国会議事堂では、大統領列席のもと、米国議会がダライ・ラマにゴールド・メダルを授与した。ゴールド・メダルは、米国が外国人に授与する民間勲章で最高のものである。ダライ・ラマが外国で歓待されるたびごとに、中国政府は神経質になって息巻き、この平和信奉者を歓迎する者たちを懲らしめようとするが、多くの場合あまり外交的とはいえない手段を用いるにもかかわらず、歓迎を思いとどまらせようとする目的を必ずしも達成できない。

おそらく、将来を展望するときの観念が異なるのだろうが、半世紀に及ぶ中国の強権支配にもかかわらず、「世界の屋根」の住人であるチベット人は、みずからの独自性意識も自由への愛着も失っておらず、亡命指導者に対する忠誠心さえ堅持している。まさに、そこが中国の弱点なのだ。素手にもかかわらず、ダライ・ラマは世界の中心に華開く国の政権に屈せず、またその姿を見せるだけでチベット問題の今日性を想起させるとは、なんとも腹立たしいではないか。中国の脇腹に刺さって抜けようとしないこの棘は、この大国の足元の弱さの印なのかもしれないと思わせる。日常的な弾圧を正当化するために、不安定要素や分離主義、さらにはテロリズムをことさら名指ししてこけおどしに使ってはいるが、チベット領内における中央政権の施策も、当局の足元の不確かさの証である。あるいは、異なる意見を持つ者を黙らせようとして、「チベットは中国に帰属し」、「誰も内政に干渉する権利を持たない」と頑固に言い張るのは、その主張の正当性をみずからに言い聞かせるための手段なのかもしれない。

一九五九年の亡命以降、チベットの現実を指摘するのには、二つの見方がとれる。一つは、中華人民共和国の内側の、チベット自治区、およびそれに隣接する省内に取り込まれたチベット人居住地からの見方である。他の一つは、外からの見方である。ここにはまず、亡命者の大半（およそ一八万人）が集まるインド領内およびヒマラヤ地方が含まれ、ついで他の大陸に移住しながらも、先祖代々の地とも、文化・宗教の存続を保証してくれている亡命地とも縁を切らずに暮らす共同体が含まれる。この二つの見方のあいだには、巧緻な関係が編みあげられた。われわれ外国人がチベットに対して持つイメージはそのため、けっして一様ではなく、疑問を内包したまま、さまざまな肉づけが施された。その結果、選択した基準に応じてさまざまなアプローチが可能となると同時に、基軸となるべき「チベット人であるということはどういうことか」という疑問に対し、あらかじめ用意された大まかな回答に応じて、さまざまなアプローチが可能となるのである。

歴史上の出来事についてまわる、内輪の覇権争いや政権闘争、あるいは内部抗争といったものを超越した次元で、チベット人には土地や文化への帰属意識がある。チベット人は、チベット人の地や文化の単一性を誇らしげにに主張する。宗教上および政治上のこの国家アイデンティティは、何世紀にもわたって共有してきた集団記憶のなかに根づいているとともに、大宗教王を擁した、チベット最初の王国にまつわる神話や、伝説上の領土守護王ケサルを巡る神話のような建国神話にも、また衣服（チュバ、カターー）、食べ物（ツァンパ、バター茶）、芸術（タンカ、チャム、宝飾品）[1]などを巡る共通の慣習にも基づく。これら多岐にわたる側面はすべて、とくに危機に際して、唯一の人物、ダライ・ラマに焦点を合わせて収束される。ダライ・ラマは、実際に具備している徳、および具備していると思われている徳も含め、チベット国家アイデンティティを構成する社会集団全体のすべての徳目を具現化する人物なのである。そのチベット国家アイデンティティは、独自性と慈悲の心、そして固い意志を併せ持つ。

(1) チュバは伝統衣装で、男ものと女ものがある。カターは長いマフラー状のもので、通常は白く、知己を得たときや儀式のおりなどに交換する。ツァンパは大麦、主食となる穀物。タンカは布に描かれた絵画で、通常は宗教画。チャムは儀式や祝祭時に僧院で舞われる舞踏。

この意味において、チベットの「ナショナリズム」とは、新しい概念でも近代的な概念でもなく、自分たちの独自性も多様性も意識した、共同体全体の歴史的記憶のなかに根を下ろしているものなのである。しかもその共同体は、そうした独自性と多様性を守ろうとしている。このナショナリズムは、構造化された独自の言語、他とは明確に相異する伝統、および特殊な地理的環境のおかげで相対的な隔離状態で入念に仕上げられた、すべてを包み込む仏教的世界観となって表出する。服従の経験がなく、これからも服従するつもりのないことを誇りに思う、放浪の魂を持った民族を、強権的な政権がもてあまし、なかなか屈服させられずいるのも、これで説明がつく。たしかに、今日的な概念では、チベット人共同体を国民国家の枠内に位置づけるのは無理があるように思われるかもしれない。とはいえ、チベット人社会は、歴史のなかで存在してきており、自分たちのものだと主張する土地で暮らしてきた。だがなによりも、受け入れがたい外国の圧力のもとで消滅する憂き目には会いたくないと思っている。まさに、自分たちの独自性を守るために。過去数十年間の試練は、チベット人共同体への帰属意識が強化されるという結果しかもたらさなかった。この帰属意識は時に、ナショナリズムの様相をとる。

このように、こんにちの情況に照らして国家アイデンティティを見直す場合であっても、現地の状況に合わせた修正が必要となる。中国領内においては、チベット自治区とそれに隣接する省内に分散するチベット人共同体をくらべるとき、現地当局による管理監視が後者よりも前者で著しく厳しいため、この両者では状況が異なるのである。その結果、たとえば建物の改築や修復、慣例や風習にのっとった行事の許可、言語の使用、あるいは手仕事や芸術面でのノウハウや知識の伝授などの分野で明らかな相異が生じる。

中国国外に関していえば、インド領内では、居留地よりも、ダラムサラやデリー、さらにはその他の大都市で、亡命者に課される制約が緩い。居留地は、国家運営は無理としても、せめて亡命先で社会生活を再構築できるように、インド政府がチベット人に付与するものであり、指定されるのは民間施設や僧院で、理論的には一時的で閉鎖的なものである。とはいえ、インド政府は、国際条約に定める、難民としての完全な資格をチベット人に認めたわけではない。インド以外の地域においては、チベット人社会のアイデンティティは、受け入れ地元社会と共有しようとしてチベット人社会の各構成員が持ち込む要素を基に再構築または再編成される過去、したがって断片にすぎない過去に準拠して形成される。その際、ときとして、地元の受け入れ社会から思いがけない陰影を取り入れることもある。さまざまな名目でチベット問題に関連する社会のなかのものの見方に、それがどのような影響を及ぼすか、それは速断できない。

「チベット性」の一つの側面は、特殊な地理的現実に根差した、外界に対する仏教的アプローチへの愛着としてとりあえず定義されるが、こうした観点に立てば、まずその特殊性の土台を形成するものを保全する緊急性が容易に理解できる。僧院のエリート有識者層が壊滅状態に陥れられ、チベット侵攻とその後の文化大革命の大量破壊によって、チベット社会の集団記憶は消滅の危機にさらされたが、亡命当初から、そのような集団記憶を収集し、ついで伝承することに意を注ぎ、投資してきたのも、こうした理由による。なにはさておき、霊魂の救済、身体の健全性、および経済的な盛運を伝統的な手法で確保できるように、組織を編成し直さなければならず、亡命チベット人社会の責任者たちは、それを優先事項として対処した。大急ぎで整地された外国の地に建てられた最初の建物は、僧院と孤児院・学校、そして診療所と避難所であった。

その先は、どうにかなるであろう。突然の環境変化や未知の世界に適応するため、そして社会の下層を出発点としながらも、急激に変化する現代の世に適応するための重い代価を払いさえすれば。また、国際世論は遅くまで気がつかなかったが、人的損失にも対応しなければならない。当初、ほぼインドに限定されていたチベット難民は、一九五九年の亡命から三〇年経ち、一九八九年にダライ・ラマがノーベル賞を受賞した頃から、その存在に日が当たりはじめた。輸送手段の発達のおかげで、常人でも長距離の旅が可能になるにつれ、基本的に人道活動を目的とする、小さな組織がそこかしこに設立される一方で、大学は英米の世界で先行していた利害探究を引き継ぐ形で、チベット研究に少しずつ門を開いていった。より専門的な宗教研究センターも亡命導師を中心として各地にできたが、一九九〇年代のような「チベット・マニア」はまだ出現しておらず、例外を別として、ときとして華々しく人目を引く有名人の求道巡礼も見られなかった。その年代までは、チベットとチベット人は、手段をつくして忍耐強く生き延びており、また先祖代々の地で脅威にさらされている自分たちのアイデンティティを守ることに固い決意をもって執着するとともに、亡命先でそのアイデンティティに命を吹き込むことに熱意を注いでいた。

いまのダライ・ラマの先代で、偉大なる十三世ダライ・ラマ（法名トゥプテン・ギャムツォ）は、一九三三年三月に書いた遺言のなかで、臣民の注意を喚起した。「近い将来、共産主義者が私たちの家の門にやってくる。私たちの軍であろうと、外国の軍のなかに入ってであろうと、彼らと対決しなければならなくなるのは、時間の問題でしかない。そのときがきたならば、自分たちを守る準備ができていなければならない。でなければ、私たちの精神・文化的な伝統は、永遠に消滅してしまうであろう。（中略）僧院は略奪され、灰燼と帰し、僧侶や尼僧は追放されるか皆殺しにされるかであろう。人民は、その権利も財産も剝奪されるであろう。私たちは、侵略者の奴隷となり、浮浪者のようにあてもなくさまよい歩くことになる。（中略）平和手段が正しいときには、平和手段を利用しよう。だが、そうでない場合には、より強固な手段を用いることをためらってはならない。国の未来は、ひとえにあなたたちの肩にかかっている。（中略）これまでの競争相手や個人的な利益のことは忘れるように。また、根本的な事柄を見失わないように。私の言ったことを忘れてはならない。国の未来は、あなたたちの肩にかかっている[1]」。

（1）この遺言の全文に関しては、巻末参考文献【13】を参照のこと。

予言的なこの未来展望は、こんにちでも人を驚かさずにはおかないが、その明晰な警告にもかかわらず、結局は守られなかった。ダライ・ラマ十四世によれば当時、政治の責任者と高位聖職者は精霊による保護能力を過信していたため、十三世が恐れたように、チベットは無防備の状態に陥った。しかしながら、ダライ・ラマ十四世は、「車輪は回る」と付け加える。現地では「状況が絶望的に見えるかもしれないが、物事は変わりいく。たしかに、ゆっくりとだが、変化は避けられるものではない。だから、私は希望を捨てない」。

十三世の遺言のあとの世代、そして一九五九年のラサ蜂起とその必然の結果である亡命に続く世代はみな、敵を前にして、信念も固く抵抗する能力のあることを証明した。それにしても、この力強い執念は、外国人の目には驚くべきチベット流の形をとる。すなわち、実生活に根差した実用本位の考え方から、あわてず騒がず、まずは火急の措置を講じ、他人の力に頼る前に自力でどうにかしようとする。

伝統の存続、家族組織、さらには仏教の慈悲の心に基づき、社会保障の役目を果たす最低限の相互扶助、あるいは分かちがたく結びついた宗教・知的・医学的な知識の伝承など、基本的な事柄が確保されると、亡命地で生まれた若い世代は、世界を広げ、新たな行動を起こすよう、先行する世代から促された。若い世代は、アメリカの夢や西洋の夢の魅力に屈したがために、予定外の試練を乗り越えなければならなくなったとしても、喪失した国を思うノスタルジーを忘れはしない。同時に、比較的長く続いた鎖国状態を考えれば、外の世界に目を向けるというこの革新的なアプローチは、大義というトーチを遠くまでリレーすることを可能にした。こうしてリレーされた大義に対する反響は、大国のあいだで取り交わされる多様な経済・金融利益によってかせをはめられている。

それと並行する形で、ヒマラヤ山脈の北側では、包囲の輪を狭められ、自分たちの土地で、当然自分たち帰属するはずのものをすべて略奪されているという感を強めるとともに、適応しきれない生活様式を強制されるにつれ、出国の誘惑は強まるばかりである。目指すのは当然、南の地である。亡命の地か安住の地か、そこでは誰もが自由を手に入れられると言う。自分が自分であり続ける権利、あるいは自分に立ち戻る権利を得るために、冬の極寒をつき、不測の出会いがないようにとびくびくしながら、高地の夜道をたどって危険な逃避行を図るチベット人は毎年、およそ三〇〇〇人にのぼる。そのなかには、幼子も多数含まれる。もはや自分たちの土地ではなくなった地で、消滅の瀬戸際に立たされている生き方に忠実な人びとである。

Ⅱ　崩壊寸前の文化

高地のチベットで、周りの目からほぼ閉ざされた状態で展開する結果、史実に関し、根本的に異なる二つの解釈が成り立ってしまう。問題の核心は、ここにある。チベット人の確信は、中国人の信念と対立する。と同時に、チベット人の確信を前にして、中国人の信念は、その時代に支配的なイデオロギーに染まる。このゲームにおいては、言葉は無垢ではありえず、言葉の使い方はきわめてデリケートなものとなる。二〇〇七年七月、ある米国紙[1]は、林彪将軍の名前が北京の軍事博物館に不意に再登場したことに関する論評を載せた。林彪は、毛沢東の忠実な部下の一人でありながら、一九六〇年代に突然失脚したのだが、大きな波紋を投げかけながらも、その失脚の謎は最終的に解けていない。紙面では、林彪の名前の再登場に添えられた注釈が注意を引く。中国共産党の歴史機関誌『紅岩春秋』の編集者、何蜀はこの決定を、簡潔に次のように説明する。「長いあいだ、歴史研究、あるいはイデオロギーになんらかの関連を持つ研究は、政治の役に立つか、プロパガンダ目的にかなうものでなければならなかった。政治の目標が異なるとき、プロパガンダも異なり、社会科学もプロパガンダの方針に従う。社会科学は、あるがままの姿を語るのではない。真実の歴史なのではない」。黙ってやっていることでも、口に出せばもっと堂々とやれる。この論法をチベットにあてはめるとき、隣国に関する「所有権」、歴史的に中国古来の遺産の一部を形成しない領土に関する「所有権」を主張してやまない中国の言い分に、どれほどの正当性を与えられるだろうか。

（1）『インターナショナル・ヘラルド・トリビューン』紙、二〇〇七年七月二十日。

「身をもって耐え忍んできた苦痛、みずから戦い抜いた闘争、けっして忘れることのない、そのような苦痛と闘争に基づき、中国人はいかなる形態であれ、植民地主義と奴隷制度に断固反対する」。胡錦濤国家主席は、二〇〇七年二月の歴史的なアフリカ訪問のしめくくりに、プレトリア大学でこう断言した。そして、次のように強調する。「中国は、これまでに一度も、隣国に自国の意思や不法な慣習を強制したことはなく、これからもけっしてないであろう」。たまたまこの演説を耳に挟んでいたら、チベット人やモンゴル人、あるいは満洲人やウイグル人(1)はきっと喜んだに違いない。そして、中国政府の思いやりのある保護についても、植民地主義的な意志、あるいは植民地にしようとする意志を持たないという、きっぱりとした断言でさぞかし安心したことだろう。

(1) 内蒙古自治区の人口は二四〇〇万人で、四九の民族が数え挙げられている。うち漢民族が一九〇〇万人、モンゴル人が四〇〇万人である。新疆ウイグル自治区では、二三〇〇万人の人口のうちの八〇〇万人がウイグル人。旧満洲地区では、人口は三九〇〇万人だが、いくつかの村で老人だけがいまでも満洲語を話すのみである。

現在の中国指導者層が昔のことを忘れてしまい、外国による領土侵入の屈辱と彼らが呼ぶ、中国領内での鉄道建設が果たした重要性を推しはかれなくなったとは、にわかには信じがたい。さほど遠くないその過去と当然のごとく比較されるこんにちの出来事は、ラサ・北京間の鉄道路線である。その路線の最初の列車は、北京を出発した七二時間後の二〇〇六年七月、ラサ駅に到着し、華々しく路線開通が祝われた。

飾り立てられた名調子の演説を行ない、確認のしようもない数字を並べたてればよいというものではない。それは、話を鵜呑みにする人たちに目くらましを投げつけて、現実を覆い隠すためのものにすぎず、事実によって否定される。開通以来のこの鉄道路線のように、淡い期待を抱いて世界の屋根に黄金郷を探しにくる、一〇〇〇人単位の入植者を日々大量に流し込むことは、一つの名前を持っている。いや、二つの名前とも言える。植民地化という名前と、植民地支配者の利益のみを追求し、先住民を犠牲にする領土簒奪という名前である。自分の都合に合わせて歴史を書き換えることには、修正主義という別名があり、事実を否定する者は否定主義者と呼ばれる。昔、夢の入口であったこの国を知るためならどんな冒険もいとわない研究者や大学関係者、さらには旅行者や観光客が長年にわたって集めた資料に目を通すとき、チベットとチベット人に対して組織的に行なわれている施策には、このような用語が即しているのがよくわかる。

「野蛮で遅れた」民族に「文明と近代化をもたらす」者の例にたがわず、中国政府もまた後ろめたい思いもなく、その公式資料のなかで、二十世紀初頭のチベットでの現実であった、「中世ヨーロッパよりもまだ陰惨な封建農奴社会から平和裏に解放して」以来推し進めてきた開発政策の成果を自慢する。ちなみに、一九五一年から一九五九年までは封建主義も農奴も問題にされておらず、「植民地として支配し搾取する、帝国主義国家の侵略からチベットを解放しよう」というものであったことを指摘しておきたい。一九五九年に反中国民衆蜂起があり、ダライ・ラマが出国したあとで初めて視点が変わり、「チベットの現地指導者階級は、人民が自決できるように、民族間の平等問題を解決しなかった、あるいはおそらく解決できなかった」となった。[1] この最後の視点で言及されている問題に関していえば、人民の偉大な指導者毛沢東とその後継者たちが見事な手腕を見せたことは、周知の歴史的事実である。

（1）中華人民共和国国務院報道弁公室白書「チベットの民族地方自治」、北京、二〇〇四年。

国務院報道弁公室白書を信じるとすれば、法律にのっとり、「チベット人民は、国政に平等に参加する権利、および自地区と自民族の内部事務を管理する権利を享受している」。こうして、チベット自治区が公式に発足した一九六五年以来、「文化遺産の保護保全、環境保護、外国人が組織する登山隊の管理、祖国統一保持、民族団結の強化、分離独立活動の阻止などに関する二二〇の単行条例や自治条例がチベット自治区人民代表大会常務委員会によって制定された」。ここには、「標高の高さ」を理由とする、週三五時間労働の特権も含まれている。チベット自治区は「憲法と法律の枠内」で、「天然資源を保護し、その活用に関しては最優先され、自地区の財政を管理し、独自の文化・教育プロジェクトを展開する」

権利なども有しているらしい。その結果、自治区政府は、「チベットの実情に応じた一〇件ほどの経済社会開発五ヵ年計画」を実現した。もしそうなら、ダライ・ラマが何を求め、この制度下に置かれたチベット人がなぜこれほど恩知らずなのか、たしかに不思議に思える。

チベット人は、大規模森林伐採を嘆く。この大規模森林伐採は、人類の記憶に前例のない気候変動をもたらし、中国中部地方では繰り返し洪水を発生させる。気候と景観に適合した伝統的建築構造を無視し、急激に、そしておそらく回復不可能なほどに都市は改造され、神聖な湖の水は資源として利用され、管理不行き届きのまま産業振興の名で乱立する企業や工場によって汚染されてしまった川では、ダイナマイトを使って魚が獲られている。

それにもかかわらず、先に挙げた白書は、「近代化の努力が環境と調和のとれた形で推進された」ことから、「チベットの生態系は、基本的に手つかずのままに残されている。チベットは、中国で環境が最もよく保護されている地方である」と断言する。白書の末尾は、常套的な硬直した物言いに終始するとともに、隠しきれない思惑ものぞかせる。「チベットで民族区域自治が適用されてから日が浅く、いまだに中国で最も開発の遅れた地区であり続けていることから、自治状況を改善しなければならない。(中略)チベットはたしかに、きわめて遅れた封建農奴社会から出発したが、もはや近代人民社会主義的な民主社会となった」と記したあと、次のように結論づけている。「チベットの繁栄と開発なくして、中国の完璧な近代化と中国人民の大刷新は達成されえない」。こういうことなのだ。開発の受益者は誰なのだろう。

二〇〇七年十月に北京で開催された中国共産党第十七回全国代表大会で、チベット自治区政府のチアンパ・プンツォ（チベット語表記ではジャムパ・プンツォク）主席が「過去一〇年間で、チベットは急速な経済発展を遂げた。国内総生産は年平均で一二パーセントの伸びを記録し、二〇〇六年には一三・四パーセントに達した[1]」と表明しているのを聞く限りでは、中国政府の政策は、現地でそれを実行している人びとに充分な満足感を与えていると信じるしかない。しかも、こう強調する。「環境に配慮した開発」のおかげで、「チベットの青空日率は昨年、九九パーセントに達した。大気がわずかに汚染しているように見えたのは、わずか二日である。チベットで重大な公害は発生しておらず、中国国内のみならず、世界に目を転じても、チベットはいまでも最良の環境を保持している」。

（1）二〇〇七年十月十九日付 cctv. com オンライン新聞（中国テレビ外国語発信）ニュース。

類似の政治体制を敷く政権同様、中国政府も教育の質、および国民の大多数に届く保健衛生サービスを誇る。この点についても、チベット人は納得しない。学校での教育は、その大部分が中国語で行なわれているのだ。その結果、チベット語は隅に追いやられ、チベット人生徒には、チベットで就学する中国人生徒にはないハンディキャップが課される。中国語の発音に合わせてチベット語の固有名詞を変えるとともに、チベット文字よりも大きく、したがって目につきやすい漢字によって固有名詞を公式表記することが、混乱にいっそう拍車をかけ、アイデンティティの目印をぼかし、それでなくてもフィルターがかけられている記憶を錯乱させる。名前を変えることは、歴史と過去の出来事の記憶を薄れさせ、結果的に空間を支配することを意味する。

つまり、チベット人の若い世代は、二重に不利な条件を課せられている。多くの家族が危険も顧みず、子どもたち、しばしばとても幼い子どもたちをヒマラヤ山脈の向こうに不法に送り出し、チベット人亡命社会で勉強させるのも、一つの理由はここにある。国連人権委員会の教育特別報告者は二〇〇四年、現地での調査後、「チベットの状況は悲惨である」と結論づけた。チベット語に関する法律は存在しているが、施行はまた別ものである。典型的な例は、二〇〇四年の自治区条例である。一九条からなり、二〇〇六年に採択されたこの条例で、自治区人民代表大会は、「チベット語は中国の公用語と同等の法的地位を有する」と明言しており、「少数民族の言語の保護と発展を唯一の目的とする、中国初の法的文書」[1]だと称賛している。

（1）二〇〇六年三月二十二日の Beijinformation. com.

中国人に支配されているチベット人がきわめて敏感に反応する問題が、もう一つ別にある。それは、信教の自由である。たしかに、この権利は中国憲法によって認められてはいるが、その規定の遵守となると、むしろ問題が多い。二十世紀初頭、ジャック・バコは、チベットを次のように描写している。[1]「牧人と僧侶の国、外国人に閉ざされた国、世界から隔離された国、天空にあまりにも近くて、住民の自然な時間の過ごし方が祈りである国」。その後、たしかに多くの時間が過ぎ去ったとはいえ、チベット人はいまでも仏教に深く帰依しており、自分たちの信心を他者と区別するための試金石、さらにいえば国への帰属意識の試金石と見なしている。チベット人の意識を変えようとする、中国中央政府の不断の努力も、実を結んでいない。何をしても効果がなかった。僧院を荒らしても、芸術・宗教的表象を根気よく破壊しても、数百年前から伝わってきた経典を焼いても、尊敬を集める僧侶を拷問にかけても、僧院生活を強引に放棄させても、繰り返し繰り返し再教育キャンペーンを張ってさえしても。制約や制限が設けられても、あるいは禁止されても、現地のチベット人同様、亡命先のチベット人も、その大半は執拗に、仮に民間信仰や迷信が混じっていたとしても、仏教にみずからのアイデンティティの不可分の一部を見出そうとする。中国政府がそれを受け入れるまでというのではなく、単にそうと気がつくまでに相当の時間がかかるはずである。ときには手痛い目にもあうであろう。脅迫と弾圧で当てにしていた成果が得られなかったため、チベット自治区共産党の張慶黎現書記は、説得力を高めようとして、中国共産党は「活仏」であり、「チベット人民の父」であるとまで言った。[2]「人民の父」とはロシアのツァーリやスターリンの呼び名で、歴史のかなたに忘れ去られた呼称かと思っていたが、不思議なところで復活したものである。いずれにしても、チベット人はいまだにかたくなに耳をふさぎ、代々伝えられてきた伝統にこもって、増大する中国政府の圧力に抵抗（いまのところはまだ平和的な手段で）する。

（1）巻末参考文献【14】。
（2）二〇〇七年三月二日付け新華社（中国通信社）短信。

二〇〇七年九月に発効した、歴史的チベット全域における大ラマや座主、およびその他の高僧の転生に関する規定は、雄弁な措置である。中国共産党は、筋金入りの無神論者だと自認するわりには、忠誠を誓う宗教団体を許すばかりではなく、新転生者の選出・即位・教育も管理するつもりである。これはつまり、チベット人社会で、仏教伝統の影響が長続きする必要性がある証拠ではなかろうか。アジアの広い地域に住む人びとの意識のなかにしっかりと根を張った古来のシステムを、このように制度内に取り込もうとする試みは、心を掌握しようとする意志の表われであるが、それと同時に、全体主義に対する抵抗のカギとなっている世界観に内在する力も証明してみせている。

中国共産党政権は、転生の可否を政府の許可事項とすることで、次代のダライ・ラマを意のままに操ろうともくろむ。ちょうど、チベット仏教界第二位の指導者パンチェン・ラマの指名の際に、みずからが選択したパンチェン・ラマを強制したように。だが、現ダライ・ラマ、テンジン・ギャムツォは、自分の地位の継承について彼独自の方法で決着をつけた。「ダライ・ラマ機構は、人間の機構であり、人間の機構というものはそれ自体、いつかは消えいく運命にある。ダライ・ラマ機構の短期的な未来は、チベット人しだいである。もしチベット人が望むならば、存続するだろう。もしその使命は終わったと判断するようであれば、それはそれでかまわない。仏教の伝統では、生存中に成就できなかった仕事をやり遂げるために、人は地上に戻ってくる。必要なら、ダライ・ラマは戻ってくるだろう。全体主義者の権力の手の届かないところに。私にとって、このことは少しも重要ではない。ダライ・ラマなしのチベットだって、充分にありえる。大事なのはそれだ」。

すべてを押しつぶし、全速力で西を目指して突っ走る中国製巨大ローラーを前にして、チベットの未来もチベット人の未来も暗いと考える者は多い。そして、チャイナネットで流される次のような情報を真実だと思うだろう。「現在チベットにいる漢民族は、チベット建設に参加しようと内地からやってきた技術者、労働者、教師、医療従事者、幹部社員たちである」。他方、チベット人は、労働市場からはじき出され、自分たち自身の未来の傍観者におとしめられている。「資格を欠いている」からだそうだが、流れに乗ろうとすれば、チベット人は自分自身であることをやめなければならない。

中国は、強い。たしかにそうだろう。だが、それは、他の者が屈服するからでもある。だからこそ、チベットの行く末が暗示する意味を判断しなければならない。たしかに、どのような文化もいつかは終息する、と言われるかもしれない。しかしこの場合、人が生きていくうえで、誰もが一人ひとり、いつかは答えを見つけなければならない大問題を象徴化する文化が消えようとしているのである。ダライ・ラマは、言う。「中国は大きい。だが、世界はもっと大きい」。巨人と対決するためには、巨人はいつだって張り子のトラであること、自由とはさるぐつわをかまされている者のために声を上げることでもあること、そして銃弾が希望や自由な思想を打ち砕いたためしがないことを思い浮かべなければならない。

Ⅲ　国際舞台のチベット

一九八九年三月のラサの抗議行動に対する弾圧と、同年六月の北京天安門デモ鎮圧の余韻が残るなか、ダライ・ラマ十四世に授与されたノーベル平和賞は突然、チベット問題にスポットライトを浴びせた。一時的な高揚が醒めたのち、沈黙がふたたび訪れた。とはいえ、チベット問題が忘却のかなたに置き去りにされないように、世界各地で活動を継続する、意志の固い者も多い。ダライ・ラマ十四世は終始一貫、根気強く、巡礼僧侶の長い旅を続け、人びとの心に訴える大義の旗振り役となり、忘却に対する防護壁ともなった。木（ダライ・ラマ）に目を凝らすばかりに、森（チベット）が目に入らなくなる危険性はあったが。中国当局は、ダライ・ラマ十四世がどこかに立ち寄るたびに決まって激しく抗議し、ダライ・ラマを歓迎すれば波乱が待ち受けていることを思い出させる。

米国議会が二〇〇七年十月、ワシントンでダライ・ラマ十四世に与えたゴールド・メダルは、基本的には何も変わっていないことを示した。中国政府には、害を与える能力にも限界があることを思い出させ、他方、米国は、経済的利益を保全したまま、安上がりに良心を満足させたにすぎないのだから。まるで、世界の屋根で何世紀にもわたって語り継がれてきた予言を実現するかのように、ダライ・ラマもまた、世界の全大陸に散らばる一八万人の同胞同様、いまだに難民である。魔術を操る導師パドマサンバヴァはある日、こう言ったという。

「鉄の鳥が飛び立つとき
馬が道を疾駆するとき
プゥの国の人びとは世界中に散らばるだろう

アリのように
そして仏法は赤い人間の大陸に乗り込むだろう」

その後は、どうなるのだろう。ズキズキと心をさいなむこの問いを、多くのチベット人はヒマラヤ山脈の両側で反芻する。他方、精神的指導者で第十四代の化身、そのうえチベットの保護者でもあるダライ・ラマは齢を重ね、しかもここ数十年間、問いかけられたままのチベット問題は未解決で、各国政府や国連の文書だなに、他の数百の問題とともに忘れられ、埃をかぶっている。だが、人間の記憶のなかでは片付いてはいない。消えようとしない夢がよみがえるように、チベット問題は人の記憶のなかで生きつづける。チベット人の生き方は、チベット問題に携わった者に、目に見えない印章で永遠の印影を残す。

中国がチベットに侵攻したとき、国連にあてたカシャ（内閣）とツォンドゥ（国会）の支援要請は、なしのつぶてに終わった。だが当時、国連の主要メンバーの目には、領土、民族、言語、文化、行政、領土内連絡網、国旗、小規模の軍隊、近接諸国との関係、それに通貨の鋳造など、国際基準によって一般的に認められている、独立の国民国家を形成するとされるすべての特性を備えていると映っていたことを指摘するのは、むだではない。

いまでは正式に独立し、国連の加盟国となっている国の多くは当時、国家主権さえ手にしておらず、インドは独立を回復したばかりで、パキスタンを生んだ国家分割の傷口をなめており、中国は内戦から抜けきっておらず、アフリカでもアジアでも、外国の支配を受けている国は多かった。また、インドは、中国との兄弟愛という現実離れした夢のもと、具体的な対抗手段を欠くことから口を閉じることを選び、北の隣国が中国の新体制の支配下に落ちるのを傍観した。一九五九年の反中国蜂起に対する弾圧の余韻が残るなか、ダライ・ラマとその同胞を歓迎こそしたが、いまとなっては輪郭がよりあらわになった中国の狙いに警戒心を強めつつも、心に棘となって引っかかっているこの取引にいまだ最終決着をつけていない。一方、民主国家を自認する国々は、これと類似の束の間の安定に身をゆだねている。結局のところ、そのつけを払っているのは、チベット人である。

ある一つの国の主権または独立は、諸国家がこんにち認めている基準の尺度のみによって判断されるべきものである。バルト海沿岸諸国のような国家の再出現、あるいはバルカン半島や中央アジアで再び姿を見せた国々は、歴史の風が予期せぬ出来事に向けて吹くこと証明してあまりある。この意味において、国民国家であろうがなかろうが、チベットは、その文化と特殊性により一つの国であり、しかも、国連に混乱をまき散らす新生国コソボは言うに及ばず、しばしば激化する民族的主張や一時的な社会動揺の圧力に押されて生まれた国々よりも、さらにはイラクやアラブ首長国連邦、あるいは宗主国の意志から生まれたその他のサルタン治下国家の出現よりも、はるか以前に存在していた。これらの新生国はチベットと異なり、政治的に、あるいは経済的に独自には存続できないにもかかわらず、独立できた。

国連が遠い過去の植民地時代を確認し、みずからが作成した「非植民地化すべき」リストに掲載されている一六カ所の植民地の自決権獲得を促す運動に力を入れているいま、太平洋やカリブ海に浮かぶ四〇ほどの微小国家の独立に目をとめさえすれば、厄介な隣人の思うがままとなっているチベットを見捨てることの不当さはよくわかる。チベットは、そのリストに入っていない。一九七五年に宗主国であったポルトガルの引き揚げ後、インドネシアに力ずくで併合されていた東チモールは、国連のこの貴重な支援を享受できた最新の例であり、二〇〇二年に独立を獲得し、民主共和国となった。トケラウもその例にならおうと、二度ほど試みた。トケラウは、三つの小さな島といくつかの環礁からなる「領土」を有し、太平洋上、サモアから約五〇〇キロメートル北方に位置し、面積はおよそ一二平方キロメートル、一九二六年からニュージーランドの行政管理下に置かれ、住民は一五〇〇人ほどである。二〇〇六年の一回目の住民投票で否決されたのち、二〇〇七年の第二回住民投票で投票権を有する者は七八九人だったが、四四六人が自治に「賛成」票を投じ、二四六人が反対した。必要な三分の二の得票にわずか一六票届かず、ニュージーランド政府は当然、管理を継続することとなった。これには、自治に反対していたニュージーランド在住のトケラウ人が大きな安堵のため息をもらしたが、ニュースに接して驚く者もいた。事態の推移を注意深く見守った中国政府にとっては明らかに喜ばしいニュースであり[1]、太平洋のど真ん中のこの不協和音は、ヒマラヤ山脈の北側で起きていることから国連の目をそらすことに成功した。

（1）二〇〇七年十月二十六日の新華社ニュース、http://frenchap. People-daily. com. cn/International.

あらかじめ練り上げられたシナリオにのっとって、超大国も超小国もそれぞれが自分たちの役を演じる国連総会では、ときとして挙げられる声も、型どおりの行動に飲み込まれてしまう。年に一度の大がかりな式典の盛り上がりのほうが気になる国連は、「一つの中国」という原則を軸に組織する政治方針の口実のもと、敗訴が確定したとして片付けるが、チベット問題はそれでも、人の心をかき乱す。二〇〇七年七月、国連欧州本部で行なわれた最初の記者会見の場で、大胆にも潘基文事務総長に直接質問を投げかけた老練記者の災難がそれをよく物語っている。質問を注意深く聞いたあとで、韓国の外務大臣も歴任した潘事務総長が答えようとしたとき、報道官があわてて事務総長を出口のほうに連れ出し、事務総長が答えられないこと、そして記者会見が終了したことを告げた。メキシコの通信社ノティメックスは、それを見て、記事にぴったりの見出しを付けた。「チベット問題に関する国連の外交的沈黙」。だが、沈黙したからといって、チベットを中国の領土にできるわけではない。

ダライ・ラマを歓迎したオーストラリア、ドイツ、米国、カナダの政権担当者に中国が激しく抗議したことから、どのような取り上げ方をしたところで、チベットが中国の怒りに触れる微妙な問題であることはいまでは、誰の目にも明らかである。人権と基本的な自由の尊重、力で併合した領土の急激な中国化による植民地化、地下資源の無秩序な開発、壊れやすい生態系バランスを危険にさらす無分別、水資源と大気の汚染など、指摘することにより中国指導者の怒りを買う要素は多い。それは、他国の独立志向が感染して、現在の国境線を変えてしまうことを恐れているからなのだろうか。

こうした状況において、国際組織は大半の政府同様、低姿勢をとり、傲慢さが鼻につき始めたとはいえ、日の昇る勢いの大国に物申す声は多くない。二〇〇八年北京オリンピック大会を前にして、政治指導者の神経が敏感になっているのはたしかだが、すぐに閉幕するオリンピックを超えたはるか向こうに未来を探るべきである。経済開放が政体の自由化をもたらし、チベットを締め付けるくびきが緩むと予測した者もいた。だが、たとえば、他人の事柄に首を突っ込む中国政府の権利、はては相手に行動まで指示する中国政府の権利に疑問符をつけるジャマイカ人記者(1)のように、なかにはすでに意見をひるがえした者もいる。

(1) 巻末参考文献【15】。

米国、ロシア、そして中国の政治を比較して、ボインは、全体主義がまだまだこの世に存在しつづけることを確認し、民主主義がゆるぎない成果でもなければ、不変でもないと推論したあとで、次の結論に達した。「ブッシュ大統領とダライ・ラマの会談に激しく抗議した中国の姿勢は、ドイツのメルケル首相、およびオーストラリアとカナダの両国首相と（ダライ・ラマ）の会談への同様に強硬な抗議と合わせて考えるとき、中国の増大する経済力が自由と平和にとって脅威となっていることを示している」。中国の激しい抗議は、専制政権が脅威を感じるほどの力をダライ・ラマが象徴していることの証左なのだろうか。それとも、中国当局の妨害能力が衰えたことを意味するのだろうか。

それはともかく、米国政府の態度は、この問題に関する民主国家の立場のあいまいさを明示する。つまり、私的にはしばしばチベットの大義の正当さを認めながら、中国とのあいだに横たわる経済・金融利益を考えて、チベットのために公的に行動を起こすことには二の足を踏む。欧州議会もまた、この問題に関しては、中国政府とのあいだで始まった「建設的対話」の枠内で、中国人の感受性を逆なでしたくない加盟国の政治意志の表われにすぎない決議の履行を主張するにとどめる。

及び腰の各国政府以外に目を向けると、世界中に人道・慈善・教育・文化・基本権利保護などを目的として活動する多くの団体があって、中国内外のチベット人を支援しており、よく知られた自分の名前を利用し、チベットの利益を代弁する有名人もいる。だが、それよりも、スペインで生まれた、独創的な活動が注意を引く。チベット系スペイン人が資料や証言をもとに、いまでは退官している数人の中国人高官を被告として提訴した「チベット人ジェノサイド」[1]事件を、全国管区裁判所、すなわち最高裁判所が二〇〇六年一月、普遍的司法権の原則の名のもとに受理したのである。裁判は現在、進行中である。

(1) 約六〇〇〇の僧院、拝殿、祭式場の破壊を根拠として国際法律家委員会が用いる用語。蔵書館の破壊とともに数千冊に上るかけがえのない経典が消失し、多くの芸術品も破壊略奪されたが、同時に中国侵攻の結果として、一二〇万人（チベット人の総人口六〇〇万人のうち）の命が失われたことも忘れてはならない。

より直近的で、唯物的な利益も絡んでくるため、どの国（あるいはどの国の代表者たち）も、そのときどきの自国の利害に応じてチベットの未来を道具として使うのだろうと思わせてしまう。それが占領する側の強国であっても、民主主義の規範を標榜し、その普及と擁護に努めていると自慢する国の政府であっても変わりはない。言ってみれば、チベットは自分の知らないうちに取り巻きから一線を画し、周囲はけむに巻かれる。あたかも、この地球で最も高い山々の向こうでは、世界が異なる基準で統治されているかのように。異なる基準での統治、それは正確に言い当ててもいるし、間違いでもある。どのようなアプローチをするか、どのような観点に立つかによって異なるにすぎない。

こんにちのチベット人の問題の枢要は、チベットにとどまっている者にとっても、亡命チベット人にとっても、主権の喪失に由来する。ダライ・ラマがもう何年も前に確認したとおり、主権は力ずくで奪い取られた。ダライ・ラマは、長い道程の末、有雪国の文化を守るために袋小路から抜け出そうとして、多岐にわたる提案を行なった。主権を行使できなくなったということは、主権の原則を失ったということでも、主権を放棄したということでもない。状況は一般的に、一時的でしかなく、被害をこうむっている国は、その被害を回復しようと虎視眈々と機会をうかがうものだ。自治を求め、独立さえ求める声があるにしても、チベットとチベット人は、国連憲章に規定される正当な権利を主張しているにすぎない。

自治を求めるという選択は、ダライ・ラマの望みに基づきチベット亡命政府が提唱する「中道路線」と矛盾するものではなく、補完するものである。この中道路線は、いかに賢明で偉大であろうと、ただ一人のリーダーにげたを預ける安易な方法を放棄して、自分たちの未来は自分たちで決め、その責任を取るという、チベット人にとっての必要性を反映したものである。ダライ・ラマも同胞にそれを期待している。ダライ・ラマはもうずいぶん前から、地球規模で依存しあう人間社会において、普遍的責任を確立することの緊急性を強調している。独立のために戦うことは、たとえ暴力の影がちらついたとして、必ずしも暴力を伴うものではない。独立のための戦いはむしろ、正義と真実と事実に基づき、かつ民衆が希求するものに配慮することによって目標が達成できると、辛抱強く理性に訴えて証明しようとすることである。

二〇〇二年以降、頻度は中国当局の意向しだいでばらついたが、なかば公式でなかば非公式な話し合いが、ダライ・ラマの特使と中国当局の代表者のあいだで再開した。それは、亡命ダライ・ラマが長年切望してきた、「率直で誠意ある」対話開始の前触れかもしれない。

北京オリンピック開催の数週間前、皮肉なシナリオができていたかのように、現在の紫禁城の主は図らずも、最も恐れている状況、すなわちチベットからの挑戦を受ける羽目になってしまった。過去数十年間に及ぶ占領により自分たちで火種を供給してきた、チベット人たちの根深い不満の表出を前にしてとった中国政府の姿勢は、国際世論の目に、半世紀前に武力で征服したにもかかわらず、隣国が自分たちの「所有物」であるとする中国の主張がいかにもろいものであるかを証明した。事実、世界の屋根での思いがけない春の出来事が示すもの、それは疑いようもなく、チベットにおける中国の存在に法的根拠がないということである。

何度も逃げ口上を打ってはみたものの、混乱、多方面からの度重なる要求、さらには状況の鎮静化を図る必要性にも押されて、中国政府は大あわてで準備し、共産党統一戦線工作部代表とダライ・ラマ特使とのあいだの非公開会談を五月四日に持った。会談は、中国南部の「特別区」深圳で行なわれ、一年前から停止されていたチベットと中国の接触を再開するものであった。二回目の会談は当初、六月に予定されていたが、四川省で五月に発生した地震のために一ヵ月延期された。こうした会談は、問題の本質的討議の開始を目指すものであった。本質的な討議は、あまりにも長いあいだ先延ばしにされてきたが、歴史的チベット領土全域における近年の抗議のうねりがその緊急性を明白にしていた。だが結局は、袋小路を確認するだけに終わってしまった。公式には、つねに監視の目が光っているチベットに中国人旅行者や外国人が再び出入りできるようになったとはいえ、中国人指導者たちは、亡命チベット人にいっさい配慮を示さず、ダライ・ラマに関しては文化大革命時代と錯覚させるような論法に終始し、将来が閉ざされた約束しか与えない。

和解の空気は、長くは続かなかった。中国政府は明らかに、二〇〇八年春の再現を恐れ、武力に頼ってあらゆる不測の事態に備えることを選んだのである。チベット全土は徹底的に世界から切り離され、派遣された支援部隊は町や野営地をくまなくパトロールし、チベット人は野外刑務所と化した国で口を封ぜられている。世界規模の経済危機にあるいま、世界のビジネスリーダーの立場にあり、慎重な忠告を発する数人の例外を除けば、未曾有の全方向プロパガンダも同時に展開する中国に逆らおうとする者は皆無である。あたかも、歴史は繰り返されるとでもいうかのように……。

中国とチベットの話し合いはいまのところ、両国の歴史と関係を巡る根本的係争に直面するたびに、いつも足踏みする。接触はだらだらと続いており、中国政府の姿勢はダライ・ラマ十四世の身体的消滅、つまり死を待って、時間稼ぎをしているのではなかろうかと疑わせる。

ダライ・ラマ本人に、うんざりした様子はない。自由という概念同様、チベットという概念も、チベットという実体そのもののなかにその独自性を根づかせていると確信しているのである。「たしかに、現地では、状況は絶望的に見えるかもしれない。[1]治安維持の名のもとにさまざまな制約措置がとられているため、チベット人は自分たちの未来から遠ざけられ、トンネルの出口が見えないでいる。そのせいで、町や、あるいは田舎でさえも、共同体間のもめごとが多くなってきている。チベットのチベット人は、中国本土からやってくる、増える一方の大量移民のなかで埋没している」。

（1）著者とのインタビュー、『ポリティック・アンテルナシオナル』誌、第一一七号、二〇〇七年秋。

「しかしながら、長期的には、希望は失われていない。物事は変わりいくもので、その前兆も察知できる。たしかに、道のりは長い。だからこそ、私たちには国際支援が必要で、警戒心も緩めてはならず、米国や欧州議会などの政府の圧力さえ必要なのだ。対話が中国自身のためにもなるのだと中国当局を説得するためには、美しい言葉だけではなく、一歩踏み込んだ措置も望まれるのだから。チベット問題の受容可能な解決策なくして、中国の平和や安定も確保できず、インドや他の隣国との当たり前の関係も期待しえない。この意味において、チベットは、異国情緒を醸す酔狂な問題ではなく、民主主義にとってのテストでもある」

略年表

六三〇～八四二年　政治統一され、隣接地域に領土を拡大した吐蕃王国。唐王朝がチベットの独立を認めていることを明記するチベット・中国和平条約（八二二年）。前伝仏教期。

八四二～一二四七年　吐蕃王国の分裂。独立領主が割拠。後伝仏教期を経て、僧院宗派の影響力が増大。

一二四七～一三六八年　中国ではモンゴル人帝国が元王朝（一二七一～一三六八年）を樹立。チベットのラマとモンゴリアのハーンのあいだにチョエ・ユン（導師・庇護者）の関係が成立。

一三六八～一六四四年　明王朝。チベットは独立。アルタン・ハーン、ソナム・ギャムツォにダライ・ラマの尊称を授与。ダライ・ラマ五世、一六四二年にチベットを統一。

一六四四～一九一一年　満洲人帝国が中国で新王朝を樹立。チベットはその保護下に置かれるが、行政的には独立。

一九一一～一九五一年　事実上チベットの独立。英国の侵攻（一九〇四年）。中国がチベット東辺境領に侵攻（一九〇五年）。清王朝崩壊（一九一一年）。ダライ・ラマ十三世、公式に独立を宣言（一九一二年）。インド、英国、チベット、中国のあいだでシムラ会議（一九一四年）。

一九四九年　中華人民共和国の樹立宣言。チベット「解放」の脅威。チベット政府、国連に提訴。

一九五〇年　「平和裏の解放」の名目の下に、中国がチベットに武力侵入。

一九五一年　「一七カ条協定」への署名強制。中国によるチベットの事実上の併合。

一九五四年　インドと中国のあいだで、中国のチベット支配を認めるパンチ・シーラ（平和五原則）条約締結。

一九五五年　チベット自治区準備委員会設立。

一九五六年　最初の改革。チベット各地で反中国蜂起の萌芽。

一九五八年　毛沢東主導による「大躍進」。チベット東部の土地共有化が地方で抵抗を生む。

一九五九年　ラサで反中国民衆蜂起。ダライ・ラマ亡命。

一九五九〜一九六二年　全面的な弾圧。チベット史上初の飢饉。

一九六六〜一九七六年　文化大革命。チベット遺産の組織的破壊。

一九七六年　毛沢東死去。鄧小平の政界復帰。政治開放路線。

一九七九〜一九八四年　チベット亡命政府と中国政府の接触再開。第一チベット開発プログラム開始。一九八〇年胡耀邦がラサを訪問。中国人の幹部と労働者の中国帰国措置がとられたことにより、一時的に状況好転。

一九八七年　ダライ・ラマの「五項目案」。欧州議会に提案されたことにより、翌年「ストラスブール声明」に進展。ラサで独立派のデモ。

一九八七〜一九八九年　ラサおよびチベット各地で独立派のデモが頻発。

一九八九年　パンチェン・ラマ十世死去。チベットに戒厳令の発布（六月の天安門デモの前）。戒厳令は一九九〇年五月に解除（中国本土より遅れる）。「平和で非暴力の、倦むことのない戦い」を称えるために、ダライ・ラマにノーベル平和賞が贈られる。

一九九二年　公的な場におけるチベット語の使用と宗教実践の新たな規制。ラサが「特殊経済地域」に指定される。

一九九四年　第三回チベット研究フォーラムが現地における植民地化の加速を取り上げる。

一九九五年　ダライ・ラマによるパンチェン・ラマ転生承認。転生者と認められた少年はすぐに、中国当局により家族とともに拉致され、中国当局が選んだ同年齢・同村出身の少年に置き換えられた。僧侶や公務員を対象にした「愛国再教育」キャンペーン開始。農村部にまで住民管理の強化。

二〇〇〇年　「西部開発計画」と連絡鉄道路線建設計画の着手。二十一世紀を目前にしてカルマパ（チベット仏教界第三位の高僧）が脱出し、ダラムサラに亡命。

二〇〇六年　北京・ラサ間の鉄道開通。チベットに入植する中国人移民の急増。遊牧民定住化プログラムの加速。

二〇〇七年　中国の非難にもかかわらず、ダライ・ラマがドイツ、オーストラリア、オーストリア、カナダの各国首相、および米国大統領（米国議会のゴールド・メダル）と公式会談。

二〇〇八年三月〜四月　歴史的チベット領土全域で中国の圧政に対する抗議のうねり。それに対して容赦ない弾圧が加えられ、大小の僧院が攻囲される。中国政権と亡命チベット人のあいだの接触が再開されるが、目に見える成果はなかった。五月に四川省で地震。八月には北京でオリンピック開催。チベット弾圧が続く。

二〇〇九年

一九五九年の民衆蜂起と亡命から五〇周年を迎え、世界各地でチベットの大義を支援する催しが多数実施されたが、チベット自治区とチベット族自治州は事実上戒厳令下に置かれ、中国人を含むあらゆる外国人の立ち入りがいっさい禁止された。中国政府は、現地での厳しい弾圧措置と並行して、大々的な反チベット・キャンペーンを展開。

訳者あとがき

本書は、Claude B. Levenson, *Le Tibet*（Coll. « Que sais-je? » n°3808, P.U.F., Paris, 2008）の全訳である。

本書を手にし、人名などで、これまでになじんでいる表記と異なると思われる読者がおられるかもしれないので、まずおことわりしたい。チベット語のカタカナ表記は、統一されてはおらず、やや古い表記から現代口語に忠実な表記まで、さまざまな表記法が混在しているのが現状である。本書では、こんにち広く通用している表記の採用を基本としたが、これから定着しそうな表記も一部採用している。たとえば、現ダライ・ラマ十四世の法名である。先行する文献では「テンジン・ギャンツォ」（山口瑞鳳『チベット』）、「テンジンギャムツォ」（石濱裕美子『図説チベット歴史紀行』）、「テンジン・ギャツォ」（シャカッパ『チベット政治史』）、「テンジン・ギャムツォ」（ロラン・デエ『チベット史』）などとさまざまに表記されており、インターネットのたとえばTibethouseのホームページでは「テンジン・ギャツォ」となっている。今後、

「テンジン・ギャムツォ」が定着していくものと予想されることから、本書ではこの表記を採用した。

また、おもに地名がその対象になるのだが、固有名詞の表記に関しては、原著を尊重し、中国語にもとづく表記がなされている場合には漢字表記を用い、チベット語などにもとづく表記の場合にはカタカナ表記にした。したがって、原著に「lac Kokonor」とある場合には「ココノール湖」とし、あえて「青海湖」とはしなかった。また、同一の都市名であっても、原著で「Ziling」と表記されていれば「シリン」とし、「Xining」となっていれば「西寧」とした。

本文にもあるとおり、一九四九年に共産政権を樹立した中国がチベットに武力侵入したのが一九五〇年十月、反中国抵抗活動に手を焼く中国政府の徹底的な攻囲を受けてダライ・ラマ十四世がインドに亡命したのが一九五九年三月であり、中国によるチベットの武力併合はすでに半世紀を超えた。この併合を既成事実化しようとする動きと、それを拒もうとする動きが近年、マスコミなどを通じて頻繁に伝えられる。

一九五九年のチベット民衆蜂起からの五〇周年を、中国政府はどうにか乗りきった。亡命チベット人が特別会議を開き、決議を採択するなどの動きはあったが、中国はチベット自治区やチベット民族自治州での監視を強化すると同時に、「農奴解放記念日」を制定するなどの対策を講じた。二〇一〇年には、チベットの武力併合から六〇年を迎える。中国政府は、相変わらずチベット人の自治要求を力で抑え込もうとするのだろうか。チベット問題は中国の内政問題だと中国が主張してもう半世紀にもなるというのに、チベット人の声に共鳴する動きは引きも切らない。はたして今後も、弾圧だけで事は足りるのだろうか。

著者クロード・B・ルヴァンソンは、作家であり、翻訳家であり、ジャーナリストでもある。専門分野はおもにチベットと仏教だが、現地取材を重ねてほぼ四半世紀となったいまではその方面の第一人者に名を連ねている。フランスで制作された、チベットを舞台とするドラマやドキュメンタリーを見ていると、考証や監修の責任者として彼女の名前を見かけることがある。

冒頭にしるしたとおり、チベット語のカタカナ表記には大いに悩まされた。この点については、京都大学人文科学研究所の池田巧先生から大変丁寧で有益なご指摘をいただいた。深謝申し上げたい。また、その他もろもろに関して、白水社の中川すみ女史のお手をわずらわせた。中川さんにも感謝申し上げたい。

二〇〇九年七月

井川浩

参考文献
（注による）

【1】 Georges Bataille, *La société désarmée : Le lamaïsme*, cf. L'économie à la mesure de l'univers. La part maudite, in Œuvres complètes, vol. VII, Paris, Gallimard.
【2】 Cao Changching et James D. Seymour, *Tibet through Dissident Chinese Eyes*, M. E. Sharpe, 1998.
【3】 Wang Lixiong et Woeser, *Unlocking Tibet*, Zurich, 2005.
【4】 A. Defay, *Géopolitique du Proche-Orient*, Paris, PUF, « Que sais-je? », 2003.
【5】 Commission internationale de juristes, *La question du Tibet et la primauté du droit*, Genève, 1959.
【6】 Jawaharlal Nehru, *La découverte de l'Inde*, Picquier, 2002.
【7】 Sir Edwin Arnold, *The Light of Asia*, London, 1879 (relation des jeunes années du Bouddha jusqu'à l'Eveil).
【8】 Michael Taylor, *Le Tibet de Marco Polo à Alexandra David-Neel*, Office du Livre, 1985.
【9】 Robert Ford, *Tibet rouge*, Olizane, 1999.
【10】 TCHRD, *Railway and China's Development Strategy in Tibet*, Dharamsala, 2007.
【11】 S. D. Marshall et S. Terment Cooke, *Tibet outside the TAR (Le Tibet hors la Région autonome)*, International Campaign for Tibet.
【12】 CIJ, *La question du Tibet et la primauté du droit*, Genève, 1959.
【13】 Claude B. Levenson, *Tibet, otage de la Chine*, Picquier poche, 2004.
【14】 J. Bacot, *Le Tibet révolté*, Hachette, 1912.
【15】 Ian Boyne, China's threat to freedom, *Jamaican, Gleaner*, 29 octobre 2007.

参考文献

フランス語文献

XIVe dalaï-lama, *Au loin la liberté*, Fayard, 1995.

Arpi C., *Tibet, Le pays sacrifié*, Calmann-Lévy, 2000.

Bacot J., *Le Tibet révolté*, Hachette, 1912-Phébus, 1997.

Bataille G., *L'économie à la mesure de l'univers*, Gallimard, 1973.

CIJ, *Rapports. La question du Tibet et la primauté du droit. Le Tibet et la République populaire de Chine*, Genève, 1959-1960.

Collectif, *Tibet, l'envers du décor*, Olizane, 1993.

Collectif, *Tibet, La solution - l'indépendance*, Olozane, 1995.

Collectif, *Tibétains*, Autrement, 1998.

Das S. C., *Voyage à Lhassa et au Tibet central*, Olozane, 1994.

Donnet P. A., *Le Tibet mort ou vif*, Gallimard, 1990.

Ford R., *Tibet rouge*, Stock, 1968, Olizane, 1999.

Laird T., *Une histoire du Tibet*, Plon, 2007.

Rapports du Sénat français, *Tibet, un peuple en danger*, GA 50/2003; *Quelle solution politique pour le Tibet?*, GA77/2007.

Riencourt A. de, *Le toit du monde*, France-Empire, 1955.

Stein R. A., *La civilisation tibétaine*, Dunod, 1962.

Taylor M., *Le Tibet de Marco à Alexandra David-Neel*, Office du Livre, 1985.

Tseten Norbû, *La reconquête du Tibet*, Indigène, 1999.

英語文献

Xe panchan-lama, *A Poisoned Arrow*, TIN, 1997.

Barnett R., *Lhasa, Streets with Memories*, Columbia (UP), 2006.

Beckwith C., *The Tibetan Empire in Central Asia*, Princeton (UP), 1987.

CIJ, *Tibet, Human Rights and the Rule of Law*, Genève, 1997.

Coleman G., *A. Handbook of Tibetan Culture*, Rider, 1993.

ICT, *The Communist Party as Living-Buddha*, Amsterdam/Bruxelles, 2007.

ICT, *Tracking the Steel Dragon*, Washington-Bruxelles, 2008.

Nanda P., *Rising India, Friends and Foes*, Lancer New Delhi, 2007.

TCHRD, *Railway and China's Development Strategy in Tibet*, Dharamsala, 2007.

Tsering S., *The Dragon in the Land of Snows*, Pimlico, 1997.

Wang Lixiong et Woeser, *Unlocking Tibet*, Zurich, 2006.

スペイン語文献

Esteve Molto J.-E., *Tibet, La frustration de un Estado*, Tirant la Blanch Valencia,

2004 (étude juridique la plus complète sur le statut du Tibet, élaborée en vue du dépôt d'une plainte devant la Cour suprême d'Espagne).

日本語文献（おもに訳者が参考にしたもの）

石濱裕美子『図説チベット歴史紀行』，河出書房新社，1999年.
石濱裕美子『チベットを知るための50章』，明石書店，2004年.
シャカッパ・W・D『チベット政治史』，亜細亜大学アジア研究所，1992年.
スネルグローヴ・D『チベット文化史』，春秋社，2003年.
デエ・L『チベット史』，春秋社，2005年.
山口瑞鳳『チベット上・下』，東京大学出版会，1987-1988年.

訳者略歴
井川浩（いかわ・ひろし）
一九四九年生まれ
一九七一年國學院大学文学部卒業
実務翻訳・通訳業
主要著訳書
「哀れなカゴ細工師」「酒場の老人たち」（『ラミュ短篇集』夢書房、所収）
「新たなる世界秩序」（『力の論理を超えて』NTT出版、所収）
ダニエル・ブティエ『ラグビー』（白水社文庫クセジュ九一六番）

チベット
危機に瀕する民族の歴史と争点

二〇〇九年八月 五 日印 刷
二〇〇九年八月三〇日発 行

訳 者 © 井 川 浩
発行者 川 村 雅 之
印刷所 株式会社 平河工業社
発行所 株式会社 白 水 社

東京都千代田区神田小川町三の二四
電話 営業部〇三（三二九一）七八一一
編集部〇三（三二九一）七八二一
振替 〇〇一九〇—五—三三二二八
郵便番号一〇一—〇〇五二
http://www.hakusuisha.co.jp
乱丁・落丁本は、送料小社負担にてお取り替えいたします。

製本：平河工業社
ISBN978-4-560-50938-8
Printed in Japan

文庫クセジュ

歴史・地理・民族(俗)学

文庫クセジュ

812 ポエニ戦争
813 ヴェルサイユの歴史
814 ハンガリー
815 メキシコ史
816 コルシカ島
819 戦時下のアルザス・ロレーヌ
825 ヴェネツィア史
826 東南アジア史
827 スロヴェニア
828 クロアチア
831 クローヴィス
834 プランタジネット家の人びと
842 コモロ諸島
853 パリの歴史
856 インディヘニスモ
857 アルジェリア近現代史
858 ガンジーの実像
859 アレクサンドロス大王
861 多文化主義とは何か
864 百年戦争

865 ヴァイマル共和国
870 ビザンツ帝国史
871 ナポレオンの生涯
872 アウグストゥスの世紀
876 悪魔の文化史
877 中欧論
879 ジョージ王朝時代のイギリス
882 聖王ルイの世紀
883 皇帝ユスティニアヌス
885 古代ローマの日常生活
889 バビロン
890 チェチェン
896 カタルーニャの歴史と文化
897 お風呂の歴史
898 フランス領ポリネシア
902 ローマの起源
903 石油の歴史
904 カザフスタン
906 フランスの温泉リゾート
911 現代中央アジア

913 フランス中世史年表
915 クレオパトラ
918 ジプシー
922 朝鮮史
925 フランス・レジスタンス史
926 テロリズム
928 ヘレニズム文明
932 エトルリア人
935 カルタゴの歴史

文庫クセジュ

哲学・心理学・宗教

13 実存主義
25 マルクス主義
114 プロテスタントの歴史
193 哲学入門
196 道徳思想史
199 秘密結社
228 言語と思考
252 神秘主義
326 プラトン
342 ギリシアの神託
355 インドの哲学
362 ヨーロッパ中世の哲学
368 原始キリスト教
374 現象学
400 ユダヤ思想
415 新約聖書
417 デカルトと合理主義
444 旧約聖書
459 現代フランスの哲学
461 新しい児童心理学
468 構造主義
474 無神論
480 キリスト教図像学
487 ソクラテス以前の哲学
499 カント哲学
500 マルクス以後のマルクス主義
510 ギリシアの政治思想
519 発生的認識論
520 アナーキズム
525 錬金術
535 占星術
542 ヘーゲル哲学
546 異端審問
558 伝説の国
576 キリスト教思想
592 秘儀伝授
594 ヨーガ
607 東方正教会
625 異端カタリ派
680 ドイツ哲学史
697 オプス・デイ
704 トマス哲学入門
707 仏教
708 死海写本
722 薔薇十字団
723 インド教
726 ギリシア神話
733 死後の世界
738 医の倫理
739 心霊主義
742 ベルクソン
745 ユダヤ教の歴史
749 ショーペンハウアー
751 ことばの心理学
754 パスカルの哲学
762 キルケゴール
763 エゾテリスム思想
764 認知神経心理学
768 ニーチェ

文庫クセジュ

語学・文学

28 英文学史
185 スペイン文学史
223 フランスのことわざ
237 十九世紀フランス文学
258 文体論
266 音声学
407 ラテン文学史
453 象徴主義
466 英語史
489 フランス詩法
514 記号学
526 言語学
534 フランス語史
579 ラテンアメリカ文学史
598 英語の語彙
618 英語の語源
646 ラブレーとルネサンス
690 文字とコミュニケーション
706 フランス・ロマン主義
711 中世フランス文学
714 十六世紀フランス文学
716 フランス革命の文学
721 ロマン・ノワール
729 モンテーニュとエセー
730 ボードレール
741 幻想文学
753 文体の科学
774 インドの文学
776 超民族語
777 文学史再考
784 イディッシュ語
788 語源学
800 ダンテ
817 ゾラと自然主義
822 英語語源学
829 言語政策とは何か
832 クレオール語
833 レトリック
838 ホメロス
840 語の選択
843 ラテン語の歴史
846 社会言語学
855 フランス文学の歴史
868 ギリシア文法
873 物語論
901 サンスクリット
924 二十世紀フランス小説
930 翻訳
934 比較文学入門

文庫クセジュ

773 エピステモロジー
778 フリーメーソン
780 超心理学
789 ロシア・ソヴィエト哲学史
793 フランス宗教史
802 ミシェル・フーコー
807 ドイツ古典哲学
809 カトリック神学入門
835 セネカ
848 マニ教
851 芸術哲学入門
854 子どもの絵の心理学入門
862 ソフィスト列伝
863 オルフェウス教
866 透視術
874 コミュニケーションの美学
880 芸術療法入門
881 聖パウロ
891 科学哲学
892 新約聖書入門
900 サルトル
905 キリスト教シンボル事典
909 カトリシスムとは何か
910 宗教社会学入門
914 子どものコミュニケーション障害
927 スピノザ入門
931 フェティシズム